PUNK

agus Sgeulachdan Eile

Chaidh Ré Ó Laighléis a ghluasad gu stòiridhean a sgrìobhadh do dh'òigridh nuair a chuir e seachad greis a' teagasg tro mheadhan na Gaeilge ann an sgoil an Gaillimh an Èirinn. Tha deannan bhliadhnaichean on uair sin. Ach bha e gu math follaiseach aig an àm nach robh na h-oileanaich a bh'aige air am beò-ghlacadh idir, idir, ann an dòigh sam bith leis an stuth a bhathar a' tabhann dhaibh airson a leughadh. Thòisich Ré air stòiridhean a sgrìobhadh a dh'aon ghnothach a dh'fhaodadh e cleachdadh leis na sgoilearan. Chaidh an stuth leughaidh a bha air a bhith aca a chur dhan bhiona sgudail!

Tha Rè air mòran leabhraichean – Gaeilge agus Beurla - fhaighinn air fhoillseachadh on uair sin, airson òigridh agus inbhich. Nochd an cruinneachadh *Punk agus Scéalta Eile* an toiseach ann an 1988 agus tha e air a bhith air a chlò-bhualadh mòran thursan on uair sin. Seo e ann an Gàidhlig mu dheireadh thall.

Bidh Ré cuideachd a' tadhal air sgoiltean gus obair le sgoilearan, a' leughadh dhaibh agus a' dèanamh obair leotha air an cuid sgrìobhaidh cruthachail. An uiridh, an deidh do leabhar eile leis *Ecstasy agus Sgeulachdan Eile,* nochdadh, thadhail Ré air clasaichean Gàidhlig an Glaschu 's an Dùn Èideann gus obair mar seo a dhèanamh. Tha e coltach gu robh tòrr spòrs agus dibhearsain a' dol!

Bidh Ré a' sgrìobhadh dhealbh-chluichean cuideachd. Chaidh an leabhar aige, *Aistear Inntinne,* fhoillseachadh le Coiscéim ann an 1996. 'S e leabhar-stiùiridh do luchd-teagaisg a thaobh a bhith a' dèanamh drama le sgoilearan a th' ann le sia dealbh-chluichean. Tha a dhà dhiubh air am foillseachadh an seo: tha iad stèidhte air dà sgeulachd à *Punk agus Sgeulachdan Eile.*

PUNK

agus Sgeulachdan Eile

Ré Ó Laighléis

Air eadar-theangachadh le Beathag Mhoireasdan

Leabhraichean Beaga
2006

A' Chiad Chlò-bhualadh 1988
Foillsichte le Cló Mhaigh Eo 1998
An leagan Gàidhlig le Leabhraichean Beaga 2006

Tha clàr-fhiosrachadh foillseachaidh dhan leabhar seo
ri fhaighinn bho leabharlann Bhreatainn

LAGE/ISBN: 0 946427 39 9

An còmhdach deilbhte le Eilidh Sgaimeal
Air a chlò-bhualadh le Bell & Bain Ltd, Glaschu

NA SGEULACHDAN

NA DEALBH-CHLUICHEAN

Punk

Nuair a chuala sinn doras aghaidh an taighe ga dhùnadh bha fhios againn gu robh iad air tighinn. Chuir Dad bhuaithe a phìob agus dh' èirich e na sheasamh; chuir Mam bhuaipe am pàipear naidheachd, agus sgiùrs i Rex, an cù, a-mach às an t-seòmar. Shuidh an dithis aca an sin a-rithist a' leigeil orra gu robh iad ann an còmhradh domhain le chèile.

O chionn mìos no dhà bha mo phiuthar Áine ag innse dhuinn mun bhalach mhìorbhaileach seo leis an robh i a' dol a-mach. Is e Mártainn Ó Flanagáin an t-ainm a bh' air, agus ma bha fiù 's rud beag den fhìrinn anns na bha aig Áine ri ràdh mu a dhèidhinn, b' e an duine a bu ghrinne agus a bu thuigseach ris an coinnicheadh tu a-riamh. Bha m' athair agus mo mhàthair ga ceasnachadh gun stad mun bhalach sin, gus mu dheireadh thall thuirt Áine riutha gun toireadh i dhachaigh e gus am faiceadh iad fhèin cho mìorbhaileach 's a bha e.

Leis a sin dh' fhosgail doras a' chidsin agus thàinig Áine a-steach ag ràdh, "A Mham, a Dhad, seo Mártainn."

Dh' èirich m' athair agus mo mhàthair na seasamh a-rithist.

Nuair a chunnaic m' athair Mártainn thàinig sèid na shùilean air dhòigh 's gu robh iad nan seasamh a-mach às a chlaiginn. Leig mo mhàthair osna mhòr aiste agus rug i air làimh m' athar mar thaic dhi fhèin air chor 's nach tuiteadh i ann an laigse san spot.

"Má ... Má ... Má ... Mártainn," arsa m' athair, agus e glè shoilleir anns a' bhad nach biodh mòran gnothaich aig Mártainn bochd san aon taigh ris gu bràth tuilleadh.

Bha Mártainn glè àrd agus caol. Bha briogais ghlas air a bha uabhasach leathan aig a bàrr ach a bha a' sìor fhàs caol sìos gu bonn air dhòigh 's gu robh an dà chas a bh' oirre air am fàsgadh gu teann mu na h-adhbrainn. Bha seacaid bhàndhearg air le muinichillean a bha fada ro ghoirid do ghàirdeanan fada caola Mhártainn. Bha stoc chaol phurpaidh air a bha leth-cheangailte timcheall air amhaich. An lèine a bh' air – chan fhaiceadh tu an e coilear ceart a bh' oirre no nach e.

B' e an rud bu mhiosa air fad, ge-tà, - shaoil mo phàrantan - na bha ri fhaicinn os cionn amhaich. Bha bioran tron chluais chlì aige a bha ceangailte le sèine gu oisean a bheòil. Bha tatù rionnaig ri fhaicinn ann an teis mheadhain chlàr-aodainn a thug coltas Innseanach Aimeireaganach dha; agus air bàrr a chinn bha spìcean de ghruaig nan seasamh gu dìreach, gach aon dhiubh na Tùr Eiffel beag, agus an craiceann eadar na spìcean mar gum biodh an talamh aig bun an tùir agus am feur gu lèir air a losgadh às.

Sheas iad an sin gun fhacal a ràdh airson deich diogan no mar sin. Gun teagamh, b' e an cumadh neo-àbhaisteach a bh' air a bu choireach ris an t-sàmhchair. Mu dheireadh bhruidhinn Mártainn.

"Tha mi toilichte coinneachadh ribh – tha Áine air a bhith ag innse gu leòr dhomh mur deidhinn," thuirt e ann an guth a bha glè shocair. Bha a ghuth fada na bu shocaire na bha dùil aig mo phàrantan ris, agus bha e follaiseach gu robh iongantas orra a thaobh sin leis an dòigh a choimhead iad ri chèile.

" 'S e – uill – mm ... 's e – uill – thig a-steach a Mh – a Mhártainn agus – suidh sìos," thuirt mo mhàthair mu dheireadh, agus i a' coiseachd a-steach dhan t-seòmar suidhe.

Lean Mártainn mo mhàthair agus Áine agus m' athair às a dhèidh. Leis a sin thuirt m' athair, "Áine, bu mhath leam bruidhinn riut sa chidsin airson mionaid," agus fiamh-ghàire mhodhail air a bheul fhad 's a bha e ga ràdh.

Dh' aithnich Áine air aghaidh m' athair nach b' e iarrtas a bh' anns na thuirt e ach òrdugh.

"Ceart gu leòr, a Dhad," ars ise agus i a' tionndadh a dh' ionnsaigh Mhártainn agus mo mhàthair. "Bidh mi air ais còmhla ribh ann am mionaid no dhà," thuirt i ris an dithis a bha na suidhe mar-thà san t-seòmar suidhe.

Nuair a choisich Áine air ais dhan chidsin sprèadh m' athair: "Dè an donas an dol-a-mach a th' agadsa? Càite an d' fhuair thu am – am – am beathach sin? Nach fhaodadh tu balach àbhaisteach fhaighinn ann an àiteigin seach a bhith a' ruith às dèidh leisgeadair mar sin?"

"Dè seòrsa - !"

Leis a sin, mhothaich Dad na deòir a' lìonadh ann an sùilean Áine agus chuir e a dhà làimh mun cuairt oirre gu gaolach. "Áine, a ghaoil," ars esan, "nach eil thu fhèin a' tuigsinn nach e duine àbhaisteach a tha sin?"

"Tha, Dad," thuirt i, "tha mi a' tuigsinn sin gu math – sin an t-adhbhar a tha meas agam air."

"Ach 's e an dearg amadan a th' ann a rèir a choltais," arsa Dad, "coimhead an cruth a tha air."

"A Dhad," arsa Áine, agus i a' tighinn thuice fhèin gu luath a-rithist, "an do bhruidhinn sibh ris fhathast? An cuala sibh aon bheachd bhuaithe mu dheidhinn rud sam bith? Cò aca as cudromaiche – an dealbh no am frèam?"

"Chan eil gnothach sam bith aig an sin ris an t-suidheachadh," arsa Dad. "Tha mi toilichte cur suas leis an … duine sin a bhith an seo a-nochd ach na faiceam gu bràth tuilleadh e san taigh seo, agus sin e."

Agus sin air a ràdh aige, a-steach leis dhan t-seòmar suidhe agus shuidhich e e fhèin san t-sèithear a bha ri taobh nan sgeilpichean air an robh dealbhan na cloinne. Lean Áine a-steach e agus shuidh i ri taobh Mhártainn air an t-sèidhse. Bha Mártainn agus Mam ann an còmhradh beag ri chèile.

"Agus dè dìreach a' bheòshlaint a th' agad, a – a Mhártainn?" arsa Dad, agus e a' gearradh a-steach gu garg air a' chòmhradh eadar Mam agus Mártainn.

"Is e fear-stòir a th' annam sa mhòr-bhùth anns a' bhaile, a Mhic a' Chléirich," arsa Mártainn ann an guth socair sèimh.

"Fear-stòir an e – sin agad a' giùlain agus ag eagrachadh nan diofar bhucais a thig a-steach, an e?" dh' fhaighnich Dad, agus e a' dèanamh oidhirp mar-thà air sealltainn cho beag luach 's a bh' ann am Mártainn.

"Sin dìreach e, a Mhic a' Chléirich," arsa Mártainn, agus sèimhe a ghutha ri chluinntinn gu soilleir a-rithist. "Na h-aon bhucais às a bheil na diofar chanaichean agus bhotail a' tighinn a bhios sibhse a' ceannach sa mhòr-bhùth," thuirt e.

Choimhead Mam air Dad a dh' fhaicinn dè an coltas a bh' air aghaidh. Thuig ise bhon chainnt aig Mártainn gu robh e a' feuchainn ri thoirt air Dad tuigsinn gu robh obair gach neach cudromach. A rèir coltais, ge-tà, cha do thuig Dad cò air a bha Mártainn a-mach.

"Nach e sin a' mhòr-bhùth sa bheil an stailc a' dol air adhart an-dràsta fhèin?" arsa Dad, agus adhbhar airson connspaid a' tighinn a-steach air a-rithist.

" 'S e," arsa Mártainn, "tha cuid againn air stailc."

Thuig Dad bho fhuaim cainnt Mhártainn gu robh Mártainn fhèin mar fhear dhe na stailcearan agus smaoinich e gun cumadh e air adhart leis a' chòmhradh seo co-dhiù. Bha e follaiseach do Mhártainn bhon chiad tighinn a-steach aige nach robh e a' còrdadh ri Dad.

"A bheil thusa air stailc?" arsa Dad.

"Tha," arsa Mártainn.

"Huh!" arsa Dad gu tàireil.

Dh' aithnich Mam an droch fhaireachdainn san èadhar agus gus feuchainn ri cùisean a chur ceart thuirt ise, "Cuiridh mi fhìn agus Áine an teatha air dòigh."

"Cha ghabh mise teatha no teatha," arsa Dad gu feargach.

"Bu dheagh thoil leam-sa cupan teatha, a Bhean Mhic a' Chlèirich," arsa Mártainn gu modhail, agus chuir caomhalachd a ghutha draoidheachd air Mam.

Nuair a chunnaic Dad sin mheudaich an fhearg a bha air mar-thà.

Cho luath agus a dh' fhàg Mam agus Anna an seòmar thug e ionnsaigh eile air Mártainn.

"Nach beag a th' agaibh ri dhèanamh – shaoileadh tu gun deigheadh tu an sàs nad chuid obrach mar a dhèanadh duine ceart," arsa Dad.

"A Mhic a' Chléirich," arsa Mártainn, agus spionnadh na

ghuth nach robh ann roimhe sin, ach fhathast an t-sèimhe a' ruith troimhe, "tha sinn air stailc airson matha dhaoine air a bheilear a' dèanamh ana-ceartas ann an dùthchannan eile; dùthchannan às a bheil am bathar a' tighinn a bhithear a' reic sa bhùth againne; daoine air a bheilear a' dèanamh fòirneart fad na tìde."

"Chan eil càil de ghnothaich aig an sin rinne," arsa Dad, "bu chòir dhuibh an aire a thoirt dhuib' fhèin."

"Bu mhath leam a' cheist seo a chur oirbh, a Mhic a' Chléirich," arsa Mártainn, "ach an e Crìosdaidh a th' annaibh?"

Dh' fhàs an t-aodann aig Dad dearg air dha a' cheist sin a chluinntinn.

"Na bi mì-mhodhail riumsa idir, a pheasain," thuirt e. "Is glè chinnteach gur Crìosdaidh mi! Dè seòrsa ceist a tha sin co-dhiù? Coimhead ris a' chruth a th' ort fhèin leis na luideagan sin ort agus an stoidhle ghòrach sin a th' air d' fhalt. Dè seòrsa Crìosdaidheachd a tha sin, uh? Dè seòrsa a tha sin?"

Thuig Mártainn gum b' fheàrr dha deireadh a chur air a' chòmhradh seo oir cha bu mhath leis trioblaid sam bith adhbharachadh ann an taigh far an robh e dìreach a' tadhal.

Ach mo thruaighe, ge-tà, cha b' e sin dha Dad e. "Na bi mì-mhodhail riumsa, a pheasain," thuirt e a-rithist. "Ma tha thu cho glacte sin le ana-ceartas carson nach eil thu a' dèanamh rudeigin ma dheidhinn làn-ùine? Carson, uh?" thuirt e, agus e an dùil ri Mártainn bochd a chur troimh-a-chèile.

"B' fhìor thoil leam sin a dhèanamh, a dhuin' uaisil, agus Dia na thoiseach bidh an cothrom sin agam a dh' aithghearr," arsa Mártainn gu sèimh, modhail.

Cha robh dad de dhùil aig Dad ri freagairt ciùin ciallach.

Bha fearg air Dad gu robh e feargach, agus ann an dòigh neònach b' e sèimhe agus ionracas Mhártainn a bu choireach ris an fhearg sin a bhith air.

Bha Dad ga dhèanamh fhèin deiseil gus ionnsaigh eile a thoirt air Mártainn nuair a dh'fhosgladh doras an t-seòmair agus thàinig Mam agus Áine a-steach a-rithist a' giùlain na teatha agus nan soithichean. Leum Dad suas mus robh cothrom aig aon duine facal a ràdh agus a-mach an doras leis ag ràdh, "Feumaidh mise cadal na h-oidhche fhaighinn. Tha obair romham a-màireach, ao-coltach ri daoine eile." Chuala sinn e a' dol suas an staidhre le ceumannan troma.

Chuir Mam agus Áine agus Mártainn greiseag ùine seachad ag òl teatha agus a' bruidhinn air ais 's air adhart agus às dèidh uair a thìde no mar sin thuirt Mártainn gu robh an t-àm aige a bhith a' togail air. Mun àm a dh' fhalbh Mártainn bha Mam cho measail air 's gum bu toil leatha gu mòr fhaicinn a' tighinn chun an taighe gu cunbhalach às dèidh sin, ach bha fhios aig an dithis aca nach fhaodadh sin tachairt. Tha e coltach gu robh fhios aig Áine air an sin cuideachd agus b' iomadh oidhche às dèidh sin a chuir i seachad a' caoineadh airson an fhir òig leis am biodh i a' dol a-mach.

Gun teagamh, tha grunn mhath bhliadhnaichean bhon uair sin agus tha Áine pòsta a-nis aig duine gasta tùrail a tha ag obair anns an t-Seirbheis Shìobhalta. Bha mi fhìn air dìochuimhneachadh glan mu Mhártainn gus an deireadh seachdaine a chaidh seachad, nuair a bha mi an làthair aig sluagh-fhianais a dh'eagraich Dad agus duine no dhithis eile an aghaidh an riaghaltais ann an Afraga a Deas, a bha a' cleachdadh làmhachas-làidir air na cinnidhean dubha.

Bha mi toilichte guth Dad a chluinntinn a' sgreuchail a-mach air a' mhaicreafòn agus e a' faighneachd, "An e Crìosdaidhean a th' annainn no nach e?"

Seumaidh agus Anna

Bha iad a' geur choimhead orra tro na bàraichean iarainn airson greis mhòr nuair a bhruidhinn Seumaidh an toiseach.

"Nach neònach an cumadh a th' orra, Anna," thuirt e.

"Chan fhaca mi paidhir coltach riutha a-riamh roimhe, a Sheumaidh," thuirt i. "Saoil cò às air thalamh a tha iad?"

"Chan eil càil a dh'fhios 'am, Anna," arsa Seumaidh, "cha bhithinnsa comasach air fear Sìonach aithneachadh thairis air fear à Aimeireaga a Deas."

"Cha bhithinn fhìn nas mò," ars Anna, "ach nach neònach gu bheil gruag ruadh air aon agus gruag ghlas air aon eile."

"Tha, tha, chanainn gu bheil thu ceart, a Sheumaidh," ars Anna, 's i a' coimhead gu geur faiceallach gun a dhol ro fhaisg air na bàraichean iarainn.

Bha Anna daonnan faiceallach leis a leithid. Glè thric cha bhiodh aon chomharra ann a dh'innseadh dhut an robh no nach robh iad cunnartach. Dh' ionnsaich i latha, agus i ann an Gàrradh nan Ainmhidhean ann an Glaschu, gu bheil e nas fheàrr fuireach pìos math air ais bho na bàraichean. B' e sin an latha a rinn fear aca grèim air a cuid fuilt agus thug e tarraing math air. A-riamh on latha sin dh'fhuirich i air ais.

Thuige seo bha cunnart ann gun deigheadh an gortachadh

nan rachadh iad ro fhaisg air na bàraichean, oir thug i an aire gu robh bataichean cama aca nan làmhan.

Dh'fhan Seumaidh agus Anna air ais bho na bàraichean airson greis agus iad a' coimhead air a' phaidhir ag ithe chnothan. Shaoil Seumaidh gu robh iad uabhasach mì-nàdarrach, leis mar a bheireadh iad an craiceann dhe na cnothan, thilgeadh iad suas dhan èadhar iad agus dh' fhosgladh iad am beul airson breith orra air an t-slighe a-nuas. An-dràsta 's a-rithist thigeadh ceann na gruaige ruaidhe goirid dha na bàraichean agus shìneadh e cnò muncaidh gu Seumaidh, ach cho luath agus a chuireadh Seumaidh a làmh a-mach airson a thogail thilgeadh Claigeann Ruadh san èadhar e, bheireadh e a-rithist air, agus dhèanadh e gàire chaol fhanaideach ri Seumaidh.

Ged a bha Anna faiceallach leotha, cha robh i saor dhiubh uile gu lèir. Shìn Claigeann Glas a làmh tro na bàraichean agus i a' leigeil oirre gu robh i a' toirt fear dhe na cnothan do dh' Anna. Ghluais Anna air adhart gu teagmhach ach, air dhi gàire ghaolach fhaiceann air beul Chlaiginn Ghlais, chreid i gu robh a h-uile càil ceart gu leòr. Chuir i a làmh tro na bàraichean gus a' chnò a thogail ach, gu h-obann, tharraing Claigeann Glas oirre gu garg le aon dhe na maidean cama a bh' aice air cùlaibh a droma. Leum Anna air ais leis na bha oirre de phian agus chuimhnich i dhi fhèin a-rithist nach b' ionnan na creutairean fiadhaich seo agus gnàth-chreutairean an t-saoghail.

"Fuirich pìos math air ais, a Sheumaidh," mhol Anna dha, agus a sùilean a' leum air ais 's air adhart bho Chlaigeann Glas gu Claigeann Ruadh leis na bh' oirre de dh'eagal.

"Shaoileadh tu gum biodh cuideigin de luchd-obrach an

àite mun cuairt gus dèanamh cinnteach nach gabhadh e a leithid de dh'fhearg mar sin," arsa Seumaidh, agus grèim aige gu dùrachdach air làimh Anna. " 'S e sgainneal a th' ann nach eil dòighean tèarainteachd nas teinne ann an àite dhen t-seòrsa seo."

" 'S e gun teagamh," ars Anna, agus i air faighinn faothachadh on phian leis mar a bha Seumaidh air grèim a chumail air a làimh.

"B' fhiach gearain a dhèanamh ma dheidhinn, ach cò a dh'èisteadh ri ar leithidne?" arsa Seumaidh. Cha mhòr gu robh na facail a-mach às a bheul nuair a thòisich an ùpraid ceart.

Thòisich Claigeann Ruadh agus Claigeann Glas a' ruith sìos is suas air an taobh eile dhe na bàraichean agus iad a' sgrìobadh leis na maidean cama air an robh grèim aca. Bha e dìreach uabhasach am fuaim a bha iad a' dèanamh agus thilg Seumaidh agus Anna an làmhan timcheall air a chèile gus iad fhèin a dhìon.

"A Shìorraidh!" ars Anna, "tha iad air a dhol gu tur às an rian."

Shàth iad na maidean tro na bàraichean agus iad a' maoidheadh air Seumaidh agus air Anna.

Bha an ùpraid a' dol am meud gu mòr agus leis na bha Claigeann Ruadh agus Claigeann Glas a' dèanamh de dh'fhuaim, thòisich an tìgear agus an leòmhann a bha anns na bucais air gach taobh dhiubh a' sgreuchail agus a' roiligeadh mun cuairt. Cha robh e fada gus an robh a h-uile beathach a bha faisg fàire dhan àite a' sgiamhail no a' cur charan dhiubh fhèin.

Mu dheireadh, thàinig aon de luchd-gleidhidh an àite na

ruith agus e ag èigheach àird a chlaiginn "Haoi! Haoi! Sibhse!" agus an èigh seo gu h-ùghdarrasail, "dè an donas a tha a' dol air adhart ann an sin agaibh?"

Thàinig e thuca le sìnteagan mòra fada, rug e le grèim teann air chluais air an dithis aca agus thug e breab mhath san tòin dhaibh.

"Cuiribh bhuaibh na maidean sin, a bhleigeardan," thuirt e, agus cha b' urrainn dhaibh ach dèanamh às a dhèidh leis a' ghrèim cluaise a bh' aige orra.

B' iongantach fhèin am faothachadh a fhuair Anna agus Seumaidh leis an dithis ud a bhith air an ruith a-mach à Gàrradh nan Ainmhidhean an latha sin. Thàinig Calum – am fear air an robh uallach biadh nan goirilea-an – thuca le am biadh an oidhche sin, agus chan e breug a th' ann a ràdh gun do ghlamh Seumaidh agus Anna sìos gu math e!

Na Miastairean

Oidhche Shathairne a bh' ann agus bha carbaid nam poileas ri fhaicinn aig oisean Rathad na Mara, far an robh e a' coinneachadh ri Sràid Sheòrais. Bha e soilleir do mhuinntir Dhún Laoghaire gu robh dùil aig na poilis ri rudeigin. B' e sin an t-seachdamh oidhche às dèidh a chèile a bha iad paircte san aon àite. Bha na poilis fhèin a' tighinn gun bheachd gur h-e cosg ùine gun fheum a bh' ann dhaibh a bhith nan suidhe an sin oidhche às dèidh oidhche, agus chuir iad romhpa aon oidhche eile a chur seachad an lùib na h-obrach seo agus a bhith deiseil leis an uair sin.

O chionn grunn sheachdainean bha Baile Átha Cliath fhèin agus iomall a' bhaile gu h-àraid air an seachd sàrachadh le buidhnean de mhiastairean òga. Bha muinntir a' bhaile agus na daoine anns na ceàrnaidhean mun cuairt fo iomagain mhòr mu dheidhinn na bha a' dol air adhart air an oidhche bho thòisicheadh air an dol-a-mach seo. Chuireadh ris an eagal sin nuair a mharbhadh dithis òga seachdain roimhe sin, nighean agus balach ochd bliadhna deug a dh' aois. Thachair sin ann am meadhan baile mòr Bhaile Átha Cliath agus, ged nach do thachair aon rud a bha fiù 's coltach ri sin ann an sgìre Dhún Laoghaire roimhe seo, bha poilis an àite sin ag iarraidh a dhèanamh cinnteach nach tachradh a leithid tuilleadh.

"Beireamaid orra mus beir iadsan oirnne," thuirt àrd-oifigear nam poileas ann an Dún Laoghaire nuair a cheasnaich luchd naidheachd RTÉ e.

"Chan eil math sam bith ann a bhith a' feitheamh riutha," thuirt e, "feumaidh sinn a bhith deiseil air an son. Feumaidh sinn breith orra, an toirt dhan chùirt agus cùis-lagha a thoirt nan aghaidh mar is còir."

B' e sin an dearbh sheòrsa cainnt a bh' aig an t-sàirdseant ris na poliis san t-seòmar cruinneachaidh o chionn seachdain. Dh' fhairich na poilis miann agus dealas annta fhèin a thaobh rudeigin a dhèanamh mun duilgheadas seo, ach a rèir 's mar a ghluais na làithean air adhart agus gun toradh aca airson an fhaire a bha iad a' dèanamh, bha lasachadh ri fhaicinn air am misneachd.

Sin mar a bha e sa chàr aig bàrr Rathad na Mara an oidhche Shathairne ud. Bha ceathrar sa chàr: a' Bhan-phoileas Síle Ní Riain, dràibhear a' chàir, a bha còig bliadhna fichead a dh' aois, gun a bhith pòsta; an Sàirdseant Seán Ó Súilleabháin, à Corcaigh, aig an robh triùir chloinne, fear aca san Oilthigh, duine eile san àrd-sgoil agus an trìtheamh fear fhathast ann an clas a sia sa bhun-sgoil. Anns an t-suidheachan cùil bha am Poileas Éamonn Ó Ceallaigh agus am Poileas Colm Mac Gloinn, dithis a bha singilte, 's gun ach sia mìosan on dh' fhàg iad an colaiste treànaidh.

"Is e an aon suidheachadh a th' ann a-rithist, a Chonstabalan," thuirt an Sàirdseant, an dèidh dhaibh a bhith sàmhach fad greis. "Chan eil na h-uiread dhiubh mun cuairt a-nochd."

"Tha sin fìor, a Shàirdseant," ars a' Bhan-phoileas Ní Riain. "Feumaidh gu bheil iad air a dhol a dh' àiteigin eile a-nochd."

Dhùisg an còmhradh sin an dithis fhear anns a' chùl às an leth-chadal san robh iad o chionn greis.

"Tha sinn a' dol a dh' àiteigin eile, a bheil?" arsa Mac Uí Cheallaigh, agus e air cluinntinn deireadh còmhraidh Ban-phoileas Ní Riain.

"Chan eil, tha na miastairean air cruinneachadh ann an àiteigin eile a thuirt mi," ars a' Bhan-phoileas Ní Riain.

"Tha e cho math dhuinn tilleadh air ais chun stèisean co-dhiù," ars an Sàirdseant, "a dh' fhaicinn a bheil feum sam bith ann dhuinn feitheamh an seo fad na h-oidhche."

Le aon char dhen iuchair dh' ath-bheothaich a' Bhan-phoileas Ní Riain einnsean a' chàir agus ghluais i air falbh gu socair. Ghabh i a' chiad tionndadh air an làimh chlì gus a dhol gu Sràid Sheòrais, far an robh stèisean nam Poileas. Gu h-obann, chaidh an ceathrar phoilis a dhalladh le soillse càir a reub nan coinneimh agus e air an taobh cheàrr dhen rathad. Gun smaoineachadh, thionndaidh a' Bhan-phoileas Ní Riain an càr a-steach a dh' ionnsaigh a' chabhsair agus bhuail i ann am post sràide. Cha do ghabh an càr eile sùim sam bith dhe na solais trafaig a bha dearg, agus chum e air tron chrois-rathaid.

Gu h-iongantach, cha deach duine air bith dhe na Poilis a ghortachadh. A dh' innse na fìrinne, chuir an tachartas spionnadh annta nach do dh' fhairich iad o chionn fhada. Dìreach ann an aon ghluasad, shaoileadh tu, thionndaidh a' Bhan-phoileas Ní Riain an càr gorm air ais, chuir i air an dùdach agus sgreuch i air aghaidh an taobh a bha na miastairean air a ghabhail. Aig an aon àm bha an Sàirdseant a' bruidhinn ris an stèisean:

"Càr a seachd ag èigheach air an stèisean – a-null."

"An stèisean an seo; lean ort, seachd."

"Tha sinn a' dol às dèidh miastairean a tha a' dèanamh air a' Charraig Dhuibh – a-null."

"Dè tha iad a' dèanamh agus àireamh a'chàir? – a-null."

"Chan eil fhios againn fhathast – thàinig iad oirnn gun dùil – a-null."

"Math gu leòr, leanaibh oirbh, cuiridh sinn fios air thoiseach gu Poilis na Carraige Duibhe agus Poilis Chnoc Mhuirfean – a-null."

"Glè mhath, ma-tà – thig mi air ais thugaibh an ceann greiseig."

Leis a sin, leig an Sàirdseant bhuaithe an t-inneal conaltraidh.

"Ceart a Shíle," thuirt e, "gabh an rathad ìosal chun na Carraige Duibhe: bheir e cothrom dhuinn beagan adhartais a dhèanamh."

Sheas a' Bhan-phoileas Ní Riain air na casgain agus thionndaidh i gu garg gun làimh dheis agus sìos leotha air ais Barraid Longfort agus an uair sin air adhart a dh' ionnsaigh na Carraige Duibhe air an rathad ìosal ri taobh na mara. Cho luath agus a chuala na dràibhearan eile a bha romhpa an dùdach tharraing iad a-steach chun a' chabhsair gus an t-slighe fhàgail fosgailte aig na Poilis. Iadsan a bha a' tighinn on taobh eile an aghaidh nam Poileas shlaodaich iad sìos gus an robh iad na stad cha mhòr uile gu lèir.

"Càr a seachd gu 'n an stèisean," ars an Sàirdseant agus an t-inneal conaltraidh aige na làimh a-rithist.

"An stèisean an seo – lean ort," thuirt an guth aig ceann eile na loidhne.

"Thainig sinn sìos an Rathad – tha sinn an dùil a dhol a-steach Rathad an Teampaill – a-null."

"Glè mhath. Tha fios air a thighinn a-steach on Charraig Dhuibh gu bheil na Poilis air bacadh-sràide a chur na àite aig ceann na Carraige Duibhe de rathad an Teampaill. Ma ghabhas na miastairean Rathad an Teampaill bidh iad air an dùnadh a-steach air gach taobh agaibh – a-null."

"Math fhèin," ars an Sàirdseant, "thig mi air ais thugaibh."

Chuir e bhuaithe a-rithist an t-inneal conaltraidh agus shuath e a làmhan le toileachas.

Gun fiù 's eadhon sùil aithghearr a thoirt, rinn Síle Ní Riain às leis a' chàr timcheall oisean Bùth Uí Mhaonaigh agus rinn i air Rathad an Teampaill. Dìreach an uair sin, chunnaic iad na miastairean a' lùbadh a-steach Rathad an Teampaill bho thaobh Bhaile nam Manach.

"Dràibhig nas luaithe, a Shíle!" ars an Constabal Ó Ceallaigh bhon chùl. B' e sin a' chiad fhacal a chualas bho fhear seach fear den dithis òga sa chùl bho bha iad na suidhe gu sìothchail air Rathad na Mara.

Thionndaidh iad a-steach Rathad an Teampaill agus airson a' chiad uair an oidhche sin bha sealladh soilleir aca air càr nam miastairean.

"BMW," dh' èigh am Poileas Mac Gloinn, "BAC 217," thuirt e.

"Dia beannaich na sùilean sin agad, a Chaluim," ars an Sàirdseant agus an t-inneal conaltraidh aige air a thogail na làimh mar-thà.

"Càr a seachd gu 'n stèisean," ghlaodh e.

"Lean ort," thuirt an guth.

"Tha an seòrsa agus àireamh a' chàir againn."

"Cùm ort."

"BMW le dath airgid agus àireamh clàraidh: 99

'B' airson 'Bacach'; 'A' airson 'Asal'; 'C' airson 'Capall'; 217"

– "Nì sinne oidhirp air an ainm agus an seòladh aig an neach-seilbhe a lorg agus bidh sinn ... "

Dhùin an Sàirdseant an t-inneal conaltraidh mus robh an stèisean deiseil a bhruidhinn. Bha iad dìreach air cùlaibh nam miastairean agus b' urrainn dhaibh dèanamh a-mach gur h-e triùir ghillean òga agus nighean a bha anns am BMW.

Smaoinich an Sàirdseant air fios a chur a-steach a-rithist gun stèisean, ach thuig e gu robh iad gu luath a' tarraing faisg air bacadh-sràide Poilis na Carraige Duibhe aig ceann eile an rathaid, agus gu robh e uabhasach cudromach a làn aire a thoirt don ghnothaich a bha ri làimh.

Fhad 's a bha an smuain sin a' dol tro inntinn mhothaich e gu robh am BMW an dèidh stad gu h-aithghearr. Bha iad air am bacadh-sràide fhaicinn, agus taing do Dhia, bha e coltach gu robh iad a' dol a dhèanamh an rud ciallach. Choimhead na ceathrar phoilis ri chèile agus coltas glè riaraichte orra.

Smaoinich iad a-rithist nan inntinn air na bha an àrd-oifigear air a ràdh ri muinntir RTÉ: "Beiridh sinn orra mus beir iadsan oirnn."

Ach glè thric chan ann mar a shaoilear a bhitear. Gun dùil, leum am BMW air adhart a-rithist le astar an donais. Reub e a-steach dhan chàr a bha air a chur ann am meadhan an rathaid mar bhacadh-sràide le poilis na Carraige Duibhe. Leum na Poilis a bha ri thaobh air feadh an àite agus a-mach à seo leis na miastairean a-rithist.

Lean a' Bhan-phoileas Ní Riain iad gu diongmhalta. Rug an Sàirdseant air an inneal a-rithist.

"Càr a seachd gu 'n stèisean," thuirt e.

"Lean ort, seachd."

"Tha iad an dèidh briseadh tron bhacadh-sràide agus tha iad a' dèanamh air Baile an Rathaid. Tha ceathrar aca ann – triùir fhear agus aon nighean – a-null."

"Math gu leòr, bidh Poilis Chnoc Mhuirfean deiseil air an son agus bidh – "

"Tha iad air tionndadh," dh' èigh an Sàirdseant, agus e a' briseadh a-steach air an stèisean. "Coma leat mu Phoilis Chnoc Mhuirfean – tha iad a' dol a dh' ionnsaigh Stigh Lorgan air Lònach Mhuirfean – a-null."

"Cuiridh sinn fios gu Poilis Stigh Lorgan – a-null."

"Guth sam bith mu neach-seilbhe a' chàir? – a-null."

"Tha, thàinig fios a-steach bho Ghiúistís Mac Confhaola gun do ghoideadh an càr aige a-nochd – BMW 99 BAC 217 – a-null."

"Glè mhath," ars an Sàirdseant, "bidh sinn a' bruidhinn ribh."

Bha obair mhòr aig a' Bhan-phoileas Ní Riain ga dhèanamh fhad 's a bha an Sàirdseant an sàs anns a' chòmhradh aige. Mar-thà, bha i air breith suas air cùlaibh càr nam miastairean agus a-nis bha i a' dèanamh oidhirp làidir air am bruthadh a-steach ris na rèilichean iarainn a bha air oir a' chabhsair.

"Seallaibh romhaibh," ars an constabal Ó Ceallaigh, agus a mheur sìnte a dh' ionnsaigh ceann shuas an lònaich.

Bha dà chàr aig Poilis Stigh Lorgan shuas aig ceann shuas an lònaich, ach cha robh iad mar a shaoil Sàirdseant Ó Súilleabháin a bu chòir dhaibh a bhith.

"Carson nach eil iad a' dùnadh bàrr an rathaid?" dh' èigh e, agus iad a' tarraing faisg.

"Carson nach ..." ach bha e ro fhadalach – bha na miastairean air bàrr an lònaich a ruighinn agus iad air tionndadh gu clì.

Rinn iad às a-rithist agus Poilis Dhún Laoghaire às an dèidh fad na h-ùine. Bha na Poilis ga sìor shàrachadh a' cumail às an dèidh gus am faca iad bacadh-sràide eile rompa aig oisean Rathaid Merville. B' ann an uair sin a thuig an Súilleabhánach cho clis 's a bha na Poilis aig bàrr Lònach Mhuirfean.

Chualas sgreuchail sìnte garg nan casgain ann an càr nam miastairean – agus a-steach leotha Rathad Merville gus am bacadh-sràide a sheachnadh. A-steach às an dèidh le Poilis Dhún Laoghaire.

Dè bha ro na miastairean letheach slighe suas Rathad Merville ach bacadh-sràide eile! Bhris gàire bhrèagha leathan a-mach air beul an t-Súilleabhánaich oir bu mhòr an t-eòlas a bh' aige air a' cheàrnaidh seo. Cha robh aon dòigh eile air fhàgail aig na miastairean a-nis ach tionndaidh gun làimh dheis, rud a rinn iad, agus iad làn chinnteach gu robh iad air cleas eile a chluich air na Poilis.

"Ghea-hù," ghlaodh an Súilleabhánach, "tha dol leinn, tha dol leinn."

Cha do thuig an triùir eile aoibhneas an t-Sàirdseint, ach nuair a chaidh iad timcheall an oisein, bha e follaiseach dhaibh dè dh' adhbhraich e. Ann an sin romhpa bha na ceathrar mhiastairean sa BMW agus an càr na stad fuar aig ceann shìos cul de sac.

Leum am Poileas Ó Ceallaigh agus am Poileas Mac Gloinn

gu spreagail a-mach às a' chàr. Tarsainn leotha gu furachail a dh'ionnsaigh am BMW, far am faca iad ann an sin romhpa ceathrar dheugairean – agus iad nan arraingean a' gàireachdaich. Ghabh O Ceallaigh air fhèin cùram an dithis san toiseach fhad 's a bha Mac Gloinn a' coimhead às dèidh an dithis eile. Chaidh na ceathrar a chur nan seasamh ri taobh a' chàir – dithis air gach taobh, an làmhan sìnte a-mach air mullach a' chàir agus an casan sgaraichte bho chèile. Rinn an dithis phoileas òga cinnteach nach robh iad a' giùlain aon inneal leis an dèanadh iad sabaid, agus leis a sin, thug iad sìos an ainmean agus a seòlaidhean dachaigh:

1. Marc Ó Firbhisigh (as òige), dràibhear;
   Athair: Marc (as sine)
   Seòladh: "An Dachaigh", Cill Iníon Léinín.
2. Orla Nic Ruairidh, taisdealach toisich;
   Athair: Barra
   Seòladh: "An Grianan", Gleann nan Caorach.
3. Mícheál Ó Broin, taisdealach cùil;
   Athair: Eósaph
   Seòladh: 557 Áros Dhún Laoghaire, Dún Laoghaire.
4. Fiontán Wellesby, taisdealach cùil;
   Athair: Ailig
   Seòladh: "Milano", Baile nam Manach.

Thugadh air ais iad gu stèisean nam Poileas ann an Dún Laoghaire. Chaidh fios a chur air am pàrantan agus chaidh an toirt dhachaigh fo òrdugh a bhith air beulaibh na cùirte aig deich uairean an ath mhadainn.

Latharna-mhàireach ràinig na ceathrar phoilis an taigh-cùirte aig 9.50m. Fhuair iad an suidheachain air cùlaibh rèilichean an t-seòmair. Bha Mícheál Ó Broin ann romhpa agus ri thaobh bha athair agus a mhàthair. Bha coltas uabhasach nearbhasach orra agus bha sin a' dol am meud mar a bha làmh mhòr a' ghleoic a' sreap chun na h-uarach.

Bha a h-uile duine ga fhaighinn neònach, nuair a bhuail an uair a-mach air an t-seann ghleoc fhiodha ann an còrnair an taigh-cùirteach, nach robh duine air bith eile dhe na deugairean no am pàrantan air tighinn fhathast.

Leis a sin, sheas maor na cùirte agus dh'ainmich e gu robh am britheamh a' tighinn a-steach. Sheas a h-uile duine nuair a bha am Britheamh Gearóid de Grás a' tighinn a-steach – fear mòr le guailnean leathan air an robh cleòca mòr dubh a bha mar "daolag mhòr" nuair a thionndaidh e a dhruim ris an luchd amharc.

"Tha sgrìobhainnean na cùise seo air an leughadh agam," thuirt e. "A bheil càil sam bith aig duine sam bith ri chur ris?"

"Gabh mo leisgeul, a Bhritheimh," arsa an Sàirdseant Ó Súilleabháin, agus e ag èirigh na sheasamh, "tha mi a' faicinn nach eil an làthair ach Mac Uí Bhroin. Is dòcha nach eil e comasach dhuinn a dhol air adhart gun an triùir eile a bhith an seo."

"Tha mi air na cùisean às leth Marc Ó Firbhisigh (as òige), Orla Nic Ruairidh agus Fiontán Wellesby a chur dheth, a chionn 's nach robh iad ann an cron sam bith roimhe seo. Air do shon-sa, a Mhic Uí Bhroin," thuirt e, agus e a' tionndadh a dh'ionnsaigh teaghlach Uí Bhroin, "tha thusa air fìor dhroch rud a dhèanamh. Chan e sin e a-mhàin ach tha thu air daoine òga neo-chiontach a tharraing a-steach dhan ghnothaich seo agad. Tha mi a' cur peanas bliadhna ort ann an Aitreabh

Naomh Pádraig." Leis a sin, bhuail e a' bheinge le òrd agus dh' èigh e, "an ath chùis."

Dh' fhalbh na Poilis a-mach agus iad làn iongantais mu dheidhinn mar a thachair. Bha rudeigin eadar iongantas agus briseadh cridhe ri aithneachadh air teaghlach Uí Bhroin agus iad a' fàgail na cùirte an dèidh do dh'oifigearan na cùirte am mac a thoirt air falbh gu Aitreabh Naoimh Pádraig.

Timcheall air 3.30f am feasgar sin bha buidheann de luchd-lagha ri am faicinn ag òl anns an taigh-òsta as motha ann an Dún Laoghaire. Nam measg bha am Britheamh Gearóid de Grás, am Maighstir-lagha Marc Ó Firbhisigh, am Maighstir-lagha Ailig Wellesby agus am Maighstir Mac Confhaola air an do ghoideadh an càr an oidhche roimhe sin.

Sgread bus 7A seachad air doras an taigh-òsta agus Eósaph Ó Broin ga dhràibheadh …

An Dìomhaireachd

“Nur dithis a-nis, a bhalachaibh, nur dithis. Aon loidhne a-mhàin nur dithis. Nur … Haoi, a Sheáin Uí Dhúgáin, dè an donas tha thusa a’ dèanamh? Nach cuala tu mi? Dithis, a thuirt mi. Gabh a-steach dhan loidhne sin sa bhad, amadain, no cuiridh mi sradagan asad. A bheil thu a’ smaoineachadh gur ann rium fhìn a tha mi a’ bruidhinn?”

“Is ann, tha mi a’ smaoineachadh,” thuirt Seán le guth ìosal, ann an dòigh ’s nach cluinneadh Mgr. Ó Mainnín e.

Bha droch choltas air a’ mhaighstir a’ mhadainn seo agus sinn nar seasamh anns a’ chiudha taobh a-muigh Taigh-tasgaidh nan Cèir-ìomhaighean. Bha sinn a’ coimhead air adhart ris an turas sgoile seo bho chaidh bruidhinn air an toiseach anns a’ Ghearrain a’ bhliadhna sin, ach mhill droch shunnd a’ mhaighstir gach rud a rinn sinn an latha sin. A-nis, agus sinn air cuspairean mìorbhaileach an latha fhaicinn, bha am maighstir a’ dèanamh ùpraid a-rithist.

Ach an còmhnaidh b’ ann le Seán bochd Ó Dúgáin a bhiodh am maighstir feargach. Air dòigh, bha comas aig Seán a bhith san àite cheàrr agus a bhith a’ dèanamh an rud ceàrr an còmhnaidh. Is coma dè cho tric agus a bhuaileadh fearg a’ mhaighstir air cha do dh’ionnsaich Seán a-riamh dòigh air a sheachnadh. Is dòcha gu robh e an dàn dha a bhith mar sin.

Bha cumadh air Seán mar bhogsair – e beag làidir, na fèithean aige mar-thà a' seasamh a-mach air a ghàirdeanan 's air a chasan, agus gun e fhathast ach air dà bhliadhna dheug a chur seachad. B' e Barry McGuigan an gaisgeach a bh' aige agus b' iomadh uair a smaoinich e e fhèin a bhith an àite Barry. Fiù 's a-nis agus e na sheasamh sa loidhne bha a mhac-meanmainn a' ruith air falbh leis … "agus tha an Dúganach a' faighinn làmh an uachdair air a' churaidh … clì, deas, clì a-rithist … tha e shìos, tha e shìos; tha an curaidh fuar gun mhothachadh; tha curaidh cruinne ùr againn; is e sin Seán Ó …"

"Dúgáin," dh'èigh am maighstir. "Èirich a-mach às a' bhruadarachd agad an sin, amadain, agus air ais leat gu cùl na loidhne. Is e leisgeadair gun shamhail a th' annad."

Bha an seòrsa còmhraidh seo ga ghortachadh an còmhnaidh, ach cha b' fhada gus an robh an ciudha a' gluasad a dh' ionnsaigh an dorais agus Seán air leth dhìochuimhne a dhèanamh air cainnt a' mhaighstir. Nuair a ràinig Seán deasg an airgid thug e an nota aige dhan bhoireannach a bha sa bhucas bheag ghloinne.

"Tapadh leat – nach snog am balach thu fhèin," thuirt am boireannach.

Shaoil Seán na inntinn fhèin gu robh am boireannach uabhasach snog coibhneil an taca ris a' bhurraidh sin de mhaighstir a bh' aige.

"Ceart a-nis, gach aon duine ag èisteachd," ars am maighstir. "Fuirichibh gu lèir còmhla fhad 's bhios sinn a' gluasad bho thaisbeanadh gu taisbeanadh. Ma bheireas mise air duine – fiù 's aon duine agaibh – thusa gu h-àraid a Sheáin Uí Dhúgáin – a' dèanamh dàil," ars am Mainníneach, agus e le a mheur ghrànda reamhar sìnte a-mach gu bagarrach an taobh a bha Seán.

Ghluais sinn air adhart an uair sin, am maighstir air thoiseach oirnn agus coltas seanailear airm air, Seán bochd Ó Dúgáin aig a' chùl agus e mar a bhiodh earball radain ga tharraing às dèidh a' chuirp.

"Stadaibh," arsa an seanailear (gabh mo leisgeul … am maighstir, tha fhios agaibh!). "A-nis seo cumaidhean cèire nan diofar Chinn-suidhe a bh' againn. Cò is urrainn aon dhiubh ainmeachadh?"

Chuir cuid mhath de na 'saighdearan' an-àirde an làmh agus iad ag ràdh, "A mhaighstir, 'mhaighstir, 'mhaighstir."

"Uill, Eoin Uí Mhurchú?" ars am maighstir.

"Éamon de Valera," ars Eoin.

"Math thu fhèin," ars am maighstir … "Pádraig Ó Raghallaigh," arsa am maighstir agus e a' comharrachadh 'saighdear' eile.

"Dubhghlas de híde, a mhaighstir," thuirt e.

"Glè mhath," arsa am maighstir.

Bha an làmh aig Seán Uí Dhúgáin an-àirde agus thug am maighstir aire dhan sin.

"Tha mi a' faicinn làmh Sheáin Uí Dhúgáin an-àirde," thuirt e, "ach bhiodh eagal orm ceist a chur air air eagal 's gun canadh e Bart Simpson no rudeigin den t-seòrsa sin."

Rinn a' chuid mhòr dhe na gillean gàire ris an seo, ach dh' fhairich Seán e mar gum biodh saighead a' dol tro theis-mheadhan a chridhe. Chuir e sìos a làmh agus chrom e a cheann leis na bh' air de nàire.

"A Dhiarmaid," ars am maighstir ri Diarmaid Ó Súilleabháin a bha na pheata aige bho thoiseach na bliadhna.

"Cearbhall Ó Dálaigh," arsa Diarmaid

"Uabhasach math, sgoinneil fhèin," ars am maighstir agus gàire air aodann a bha a' sealltainn gu robh fhios aige cò iad na daoine ceart air am bu chòir dha ceist a chur.

"Is e sin a bha mise a' dol a ràdh," arsa Seán Ó Dúgáin air a shocair ris a' bhalach a bha ri thaobh.

"Dè tha thu ag ràdh, a Mhic Uí Dhúgáin?" dh' èigh am maighstir. "Dè thuirt thu? An d' fhuair thu cead bruidhinn? Nach tuirt mi riutsa an aire a thoirt?"

Bha Seán a' feuchainn ris a' chiad cheist aig a' mhaighstir a fhreagairt fhad 's a bha e a' cur a-mach an dà cheist eile.

"Na bi a' bruidhinn nuair a tha mise a' bruidhinn riut," ars am maighstir agus e a' gabhail grèim làidir air Seán agus ga bhruthadh ris a' bhalla. "Seas ann an sin a-nis agus na gluais às gus an tig a h-uile duine eile againn air ais aig an deireadh," thuirt e. "Rachamaid air adhart, a bhalachaibh!" ars am maighstir ann an guth brèagha grinn; agus lean sinn air adhart.

Bha Seán air fhàgail ann an sin ris a' bhalla agus a shùilean a' lìonadh le deòir. Nuair a bha am maighstir agus na balaich eile air falbh timcheall an oisein thog e a làmh agus shuath e na deòir dhe aodann.

Shuidh e sìos an ceann mionaid no dhà, a dhruim ris a' bhalla, agus e a' coimhead a-mach air an t-saoghal ghlas a bha ma choinneimh. Bha e a' smaoineachadh air cho cruaidh agus a bha am maighstir air bho thoiseach na bliadhna; cho tric agus a thuirt e ris nach robh feum sam bith ann, gu robh e amaideach, gur e leisgeadair a bh' ann. Dh'fhairich Seán na deòir a' tighinn dha na sùilean aige a-rithist agus chrom e a cheann gus an leigeil air falbh na sruth. Leis a sin, chuala e guth:

"Haoi, dè tha ceàrr ortsa an sin?"

Thog Seán a cheann agus thiormaich e a shùilean dìreach ann an aon ghluasad. Choimhead e a dh'ionnsaigh nan Cinn-suidhe Èireannach a tharraing an trioblaid seo air. B' ann às an àird sin a thàinig an guth, bha e a' smaoineachadh. Ach cha robh aon mhac màthair ri fhaicinn ann ach na seisear Chinn-suidhe. Choimhead e a dh' ionnsaigh an dorais a-muigh far an robh deasg an airgid; cha robh aon duine an sin nas mò. Smaoinich e an uair sin gu robh a mhac-meanmainn, mar a bhiodh am maighstir ag ràdh an còmhnaidh, "a' ruith leis."

Chrom e a cheann a-rithist agus aonaranachd mòr a' laighe air, nuair a chuala e:

"Thusa a tha nad shuidhe ris a' bhalla, trobhad an seo gus am bruidhinn mi riut."

Thog e a cheann a-rithist. An turas seo cha robh teagamh sam bith aige nach cuala e rudeigin. Thug e sùil gheur air na taisbeanaidhean ... na Cinn-suidhe – cha robh dad ann; na Ceannardan – cha robh dad; na Cluicheadairean ball-coise – cha robh dad; Barry McGuigan – priobadh sùla! Choimhead e a-rithist air McGuigan agus phriob McGuigan a shùil a-rithist air.

Bha eadar eagal agus aoibhneas air Seán bochd. Thug e sùil sìos agus suas an trannsa. Bhuail e a cheann le a làimh dheis feuch an ann a' bruadar a bha e. Smaoinich e air na sgeulachdan mu dhealbhan na Maighdinn Muire ann an Cuige na Mumhan a bhith a' gluasad agus rudan mar sin. Choimhead e a-rithist air dealbh McGuigan. Airson an trìtheamh uair phriob McGuigan a shùil agus thuirt e: "Gabh a-nall an seo cho luath 's is urrainn dhut mus cluinn duin'-eigin eile mi."

Dh' èirich Seán agus chaidh e tarsainn gu mì-chinnteach 's e a' coimhead bhuaithe sìos agus suas an trannsa. Ràinig e an cearcall bogsaidh san robh Barry agus rinn am bogsair gàire teò-chridheach ris. Thug sin fois mòr dha Seán.

"Thig a-steach dhan chrò agus gabh fois," arsa McGuigan. A-steach le Seán eadar na ròpan agus tarsainn leis gun àite far an robh Barry na sheasamh.

"Tha stòl an sin sa chòrnair. Suidh sìos agus bruidhinn rium," arsa Barry. "Chunnaic mi an rud a rinn am maighstir ort an sin – e ag ràdh riut fuireach an sin agus a bhith sàmhach gus an tig iad air ais. Rinn iad an dearbh rud ormsa an seo; chuir iad a-steach dhan chrò seo mi agus dh'fhàg iad ann mi. Is cinnteach nach e rud math a th' ann a bhith ann an sin leat fhèin," arsa Barry.

Thuig Seán gu robh e fhèin agus Barry glè choltach ri chèile ann an iomadach dòigh.

"A Bharry," dh'fhaighnich e, "a bheil e trom ort nach urrainn dhut bruidhinn ri daoine ann an seo?"

"Tha, tron latha, a … dè an t-ainm a th' ort?" arsa McGuigan.

"Seán Ó Dúgáin," arsa Seán.

"Uill, a Sheáin, mar a bha mi ag ràdh, tha e doirbh tron latha ach air an oidhche an seo, nuair nach eil aon duine mun cuairt tha làn spòrs againn," arsa Barry. "A bheil thu a' faicinn nan Cinn-suidhe ann an sin shuas?" thuirt e. "Uill, tha e iongantach cho spòrsail 's a tha iad sin: mo liagh Ó Dálaigh – am fear air an robh fios agadsa – thuirt e riumsa an oidhche roimhe gun ionnsaicheadh e barrachd Gaeilge dhomh nan ionnsaichinn beagan bogsaidh dha."

"Dha-rìribh?" arsa Seán

"Seadh, dha-rìribh," arsa Barry

"Agus de Valera," arsa Barry, "bidh e a' breith air a' bhall-coise aig Jason Sherlock agus ga chiceadh air feadh an àite. Aon mhadainn, nuair a thàinig fear an dorais a-steach airson an t-àite fhosgladh, cha do thuig e ciamar a bha am ball-coise ann an làmh Charlie Haughey an àite Jayo! Bha gàire mhòr leathan air beul de Valera a' mhadainn sin. Tha mise ag ràdh riut, a Sheáin, gu bheil cuid de dhaoine a-staigh an seo còmhla rium a chluicheas cleasan," arsa Barry.

"A bheil thu ag ràdh rium," arsa Seán agus e fhathast a' cumail sùil gheur air de Valera.

"Sin an fhìrinn ghlan," arsa Barry.

"Innis dhomh, a Bharry," arsa Seán, "am bu mhath leat cuairt bheag spàraigeadh a dhèanamh rium?"

"Gun strì," arsa Barry. "Cuir ort na miotagan eile sin a tha san oisean sin thall."

Chuir Seán air na miotagan snasail agus thòisich e a' spàraigeadh ri Barry.

"Tha thu math, a Sheáin," arsa Barry, "tha thu anabarrach math, dìreach anabarrach math."

Thug e toileachas mòr do Sheán a leithid sin a chluinntinn bho Bharry. Cha tuirt duine sam bith a leithid ris a-riamh na shaoghal. "Èist, a Sheáin," arsa Barry, "seallaidh mi dhut ciamar a thàinig agam air Eusebio Pedrosa a chur air an ùrlar."

Sheall Barry dha ciamar a leag e Pedrosa agus leig e le Seán dearbh-aithris a dhèanamh air na gluasadan aige.

"Bidh tu gu h-iongantach o seo a-mach, a Sheáin," arsa Barry. "Cuiridh mi geall nach eil aon ghille sa chlas agad, no fiù 's ann an Èirinn, leth cho math riut mar bhogsair."

Bha toileachas mòr air Seán. Thàinig e air an turas sgoile gus gnothaichean annasach fhaicinn ach cha robh e dhen bheachd gum biodh gin aca leth cho iongantach ris an seo!

"Am bu mhath leat crios a' Churaidh Cruinne a chur ort?" arsa Barry.

"O, bhiodh sin dìreach mìorbhaileach, a Bharry," arsa Seán, agus shìn Barry thuige e.

Chuir Seán air fhèin e agus rinn e dannsa timcheall na cròtha, a làmhan an-àirde san èadhar agus Barry an sin a' toirt bualadh-boise dha.

"Math thu fhèin, a Sheáin," arsa Barry. "Gun tèid leat!"

Leis a sin chuala Barry am maighstir agus na balaich sa chlas a' tighinn air ais.

"Greas ort, a Sheáin," thuirt e, "tha iad air an t-slighe air ais."

Thug Seán an crios dheth agus thug e air ais e dha Barry.

"A Bharry," thuirt e, "tha mi uabhasach taingeil dhut."

"Is e do bheatha, a Sheáin. Till air ais a dh' aithghearr a-rithist gus an dèan sinn cuairt bheag eile spàraigeadh, agus eadar-ama, cuimhnich gu bheil thusa, Seán Ó Dúgáin, anabarrach math! Greas ort a-mach a-nis mus fhaic iad thu," arsa Barry.

Leum Seán a-mach às a' chrò agus air ais leis go luath chun a' bhalla. Cha robh ùine aig Barry an crios a chur air fhèin a-rithist; mar sin, dh' fhàg e na làimh e. Chuireadh e air fhèin e nuair a bhiodh h-uile duine air falbh dhachaigh.

"Uill, a Mhic Uí Dhúgáin, tha mi an dòchas gu bheil thu air beagan modh ionnsachadh. Chaill thu gnothaichean annasach an àite seo," arsa Maighstir Ó Mainnín nuair a ràinig Seán e.

"Dè bha sibh a' smaoineachadh mu na rudan a chunnaic sinn, a bhalachaibh?" dh'fhaighnich am maighstir, agus e fhathast airson suidheachadh Sheáin a dhèanamh nas miosa.

"Dìreach mìorbhaileach, a Mhaighstir," thuirt iad gu h-aon-ghuthach.

Ach an turas seo cha do chuir geurachd a' mhaighstir dragh air Seán. Chuir e iongnadh air fhèin nach fhaca duine aca sin.

"A Mhaighstir, a Mhaighstir," arsa Diarmaid Ó Súilleabháin.

"Dè tha ceàrr, a Dhiarmaid chòir?" arsa am maighstir.

"Tha an crios aig Barry McGuigan na làimh a-nis. Bha e timcheall a mheadhain nuair a chaidh sinn an taobh seo o chionn greiseag," thuirt e.

"Na bi gòrach, a bhalaich," ars am maighstir. "Nur dithis a-nis; dithis, dithis, dìreach aon loidhne," ars am maighstir.

Nuair a bha e a' coiseachd a-mach an doras air an fheasgar sin agus e aig deireadh na loidhne, phriob Seán Ó Dúgáin air a charaid Barry McGuigan agus phriob Barry air ais air Seán.

A' Sireadh Aisling

B' ann air èiginn a bha gu leòr airgid aig Boniface Shrinklebraü airson an rothair a cheannach. Bha e a' coimhead air aghaidh ris on bha e còig bliadhna a dh' aois. Bha Mamaidh Shrinklebraü air a ràdh ri Bonnie gum faodadh e a bhith aige a' chiad turas a chuireadh e sneachda ann am meadhan mìos an Lùnasdail. B' ann mar sin a bha, agus e air dìreadh an-àirde air ionad fasgaidh bloca flataichean air an 21mh Lùnasdal, an ceann-là-breith aige fhèin, agus e ag èigheach 's a' sgreuchail leis na bha de thoileachas 's de dhraoidheachd an lùib turas nam bleideagan boga geala, a bha a' snàmh gu socair sìos bho na speuran. A rèir choltais cha robh e na iomagain dha gu robh e a-nis seachdad 's a trì bliadhna a dh' aois, seasgad 's a h-ochd bliadhna bho bha e a' comharrachadh an còigeamh ceann-là-breith ud. Bha e follaiseach cuideachd nach robh e a' dèanamh dragh dha nach d' fhuair e an rothair ud a-riamh – an rothair air an robh feum cho dealasach aige nuair a bha e na òige. Bha sin na adhbhar smaoineachaidh dha aig an ìre seo, agus e a' coimhead mun cuairt air mòralachd draoidheachd nan speuran a bha os a chionn, cùis a mhàthar bhochd fhèin a bha a-nis ann an dubh-dorchadas na h-uaighe, agus sealladh an t-sneachda ann am meadhan mìos Lùnasdal air a chleith gu bràth oirre.

Airson an fhìrinn innse, aig an àm seo na bheatha, cha robh càil de dhùil aig Bonnie fhèin a leithid fhaicinn, agus a-nis agus e ga fhaicinn airson a' chiad uair bha e a' smaoineachadh leis an droch shlàinte a bha ga leantainn, gur gann a chitheadh e a-rithist e.

Thòisich na smuaintean a' snàmh gu lìonmhor air feadh inntinn – smaoin mu seach airson gach diofar latha spèisealta a bh' aige fad a bheatha. Chuimhnich e air latha a Chiad Chomanachaidh. Bheachdaich e air athair a' gearan mu dheidhinn mar nach bu chòir do mhac Iùdhaich a bhith a' gabhail gnothaich ri cleachdaidhean Crìosdail.

"Ach, a Bhenjamin," thuirt a mhàthair ri athair, "nach robh e mar phàirt de dh' aonta a' phòsaidh againn gun togamaid a' chiad mhac na Chrìosdaidh? Nach robh thu glè thoilichte Crìosdaidh a ghabhail thugad mar bhean chèile?"

"Is coma leam dè thuirt mi bliadhnaichean mòra air ais," thuirt athair Boniface, "chan eil e ceart do mhac Iùdhaich a bhith a' gabhail ri creideamh sam bith ach an creideamh Iùdhach. Bi cinnteach nach bidh e a' dol fo làimh easpaig nuair a thig an t-àm sin dha balaich eile dhe aois."

Cha robh còir aig athair Boniface an rabhadh sin a thoirt seachad mu dhol fo làimh easpaig, ach mar sin fhèin sheas e gu làidir a thaobh a dhòigh fhèin. Bu ghort a chuimhne a bh' aig Bonnie an còmhnaidh air an latha a chaidh e fo làimh easpaig. Air sgàth sìor dhiongmhaltas a mhàthar chaidh Bonnie air adhart còmhla ri balaich Chaitligeach eile na paraiste airson a dhol fo làimh easpaig, ach cha b' e an aon suidheachadh a bh' aig Bonnie agus a bh' aig na balaich eile an latha sin. Sheas gach mac màthar aca an latha sin mu choinneimh na h-altrach agus làmh an athair air an guailnean mar neach-urrais orra – gach aon duine aca ach Boniface Shrinklebraü bochd. B' ann mar sin a bha e agus làmh a mhàthar air a càradh gu trom tùrsach air gualainn a mic, a chionn 's gun do dhiùlt athair fiù 's a dhol chun na caibeil gus am faiceadh e a chiad mhac a' faighinn a chiad fhoghlam sa Chrìosdaidheachd. Dh' fhairich Bonnie aodann a' fàs dearg nuair a thuirt an t-easpaig ann an cagair:

"À, Mamaidh a tha a' seasamh leat." Bha cuimhne aig Bonnie air na balaich eile agus am pàrantan às dèidh an daingneachaidh, agus iad a' falbh a ghabhail lòn ann an diofar thaighean-òsta air feadh a' bhaile, nuair a bha aige fhèin agus aig a mhàthair a dhol dhachaigh agus an aghaidh a chur ri fearg athar.

Bu mhiosa buileach na an dà latha sin an latha a phòs Boniface. Chan urrainnear innse an t-aoibhneas a bha air Bonnie gu robh e air Emily Pearlman, a bha na leannan aige o chionn bhliadhnaichean, a phòsadh. Bha aoibhneas fiù 's air athair a chionn 's gum be Iùdhach a bh' ann an Emily. Thàinig e a-steach air Boniface an latha sin gura b' e a' chiad uair a chunnaic e athair agus a mhàthair ag aontachadh le chèile mu dheidhinn rudeigin cudromach na bheatha.

Bha Bonnie ann am meadhan an ùrlair a' dannsa le a bhean òg nuair a dh' èigh dotair, a bha na aoigh aig a' bhanais aige fhèin 's aig Emily, a-mach às an talla e.

"Dè th' ann, a dhotair?" dh' fhaighnich Bonnie dheth.

"D' athair-sa, a Bhonnie," thuirt an dotair.

"M' athair," arsa Bonnie, "dè ma dheidhinn?"

"Tha e … "

Bha e follaiseach a thaobh an dòigh a stad an dotair gu robh droch naidheachd aige.

"Na can càil," arsa Bonnie, agus e a' tuigsinn dè a bha air tachairt. Bha dùil ri a leithid airson greis a-nis air sgàth an tinneis cridhe a bha air athair, ach a dh' aindeoin sin cha bu bheag an clisgeadh a thàinig air Bonnie bochd an latha sin.

Ach b' fhada e na bliadhnaichean mòra on uair sin agus b' e ceann-latha breith Bonnie a bh' ann an-diugh agus bha e seachdad 's a trì bliadhna a dh' aois; agus bha e an dèidh sneachda glan geal a chur ann an teis-meadhan an Lùnasdail dìreach sa spot seo, agus e air ionad fasgaidh a' bhloca flataichean ann an seo seach ann an Vermont anns an Dùbhlachd. O, na faiceadh a mhàthair seo! Agus bha Boniface Shrinklebraü na phàiste a-rithist, e a' coimhead mun cuairt air a' chiad sneachd agus e le spreagadh na chridhe air sgàth 's gur dòcha gum b' ann leis a bhiodh an rothair ud ann an uinneig na bùtha latha-eigin a dh'aithghearr.

Tha deich troighean a dh' àirde de rèilichean iarainn rim faicinn a-nis aig oir ionad fasgaidh a' bhloca flataichean, far an do shlaighd Bonnie an latha ud agus mas fìor am fiosrachadh, chan fhacas a-riamh on uairsin ann an àite sam bith, sneachd air an talamh ann an teis-meadhan an Lùnasdail.

A' Bhana-mhaighstir-sgoile

Tha cuimhne glè mhath agam air a' chiad latha a thàinig i dhan sgoil. Bha mi fhìn agus Eoin Ó Faoileáin mar a bhiodh dithis a bha air làithean saora air oirthir cheann a deas na Frainge. Bha trì seachdainean againn air a chur seachad leis an fhear òg a chaidh a thoirt a-steach mar neach-ionaid gus an tigeadh an tidsear ùr; tha mise ag ràdh riut gun do rinn sinn an diabhal air an fhear sin. Bhon àm a bha a chiad thuras air a chur seachad aige còmhla rinne bha fhios aige glè mhath cò aige a bha ùghdarras sa chlas againne.

A-steach leatha a' mhadainn sin, a' bhana-mhaighstir-sgoile ùr; i òg agus eireachdail; ceann brèagha ruadh oirre anns an robh measgachadh de dhath a' chopair agus dath na grèine; bha i àrd agus stàiteil - stàite ris nach biodh dùil agad ann an creutair cho òg rithe. Thionndaidh Eoin riumsa cho luath agus a chunnaic e i a' tighinn a-steach:

"Boireannach!" ars' esan; agus coltas an donais a' boillsgeadh na shùilean. "Boireannach!" thuirt e a-rithist, "bidh sinn ceart gu leòr."

Shuath e a làmhan ri chèile gu làidir leis an toileachas a bh' air agus choimhead e timcheall a dh' fhaicinn ciamar a bha an còrr den chlas a' gabhail ris a' bhana-mhaighstir-sgoile ùr.

"Coimhead orra, coimhead orrasan an sin, Dhiarmaid," thuirt e, agus a cheann ag aomadh an taobh a bha na caileagan aig ceann shuas a' chlas. "Shaoileadh tu gur e rionnagan ann am bàrr craoibh Nollaige a th' anns gach aon dhiubh."

Chuir e dragh air Eoin gu robh na nigheanan sa chlas a' toirt an làn aire do na bha an tidsear ùr ag ràdh. Thàinig e a-steach air gu robhar an còmhnaidh a' toirt an aon seòrsa aire don t-seann mhaighstir Ó Conghaile, a bha a-nis anns an t-sìorraidheachd, gun dèanadh Dia tròcair air. B' e an rud bu mhiosa buileach, smaoinich Eoin, am meas a bhiodh aig an t-seann mhaighstir air na caileagan seach mar a bh' aige air na balaich agus air Eoin fhèin gu h-àraid.

"Bithibh snog modhail ris na caileagan san raon chluiche, a bhalachaibh, oir tha còiread san àilleachd aca," chanadh an seann mhaighstir.

"Brosgal," thuirt Eoin fo anail, "còiread san àilleachd aca, còiread san àilleachd aca," agus e a' magadh air bàidhealachd a' mhaighstir.

"Agus dè an t-ainm a th' ortsa?" chuala e a' bhana-mhaighsti-sgoile a' faighneachd aig ceann shuas a' chlas.

"Máire Ní Chathasaigh," fhreagair caileag bheag bhàn a bha na suidhe aig ceann a' chiad shuidheachain.

"Máire Ní Chathasaigh, Máire Ní Chathasaigh, Máire Ní Chathasaigh," arsa Eoin gu fanaideach agus e a' dèanamh seòrsa de dh'amhran sgeigeil leis na facail a bha e ag ràdh.

Cha do thuig e, agus e an teis meadhain a chuid chleasachd gu robh an tidsear a' geur-amharc dìreach air. Chunnaic mi fhìn i a' spleuchdadh gu geur air ach cha b' urrainn dhomh rabhadh a thoirt do dh' Eoin.

"Agus dè an t-ainm a th' ortsa, a bhalaich?" thuirt ise gu borb, agus a meur chaol, fhada, ìneach sìnte a-mach ga ionnsaigh.

"Mise?" arsa Eoin, agus iongantas air gur ann ris-san a bha am boireannach òg eireachdail a' bruidhinn. "Mise?" ars esan, agus fhios aige glè mhath gu robh i air an dol-a-mach aige fhaicinn mar-thà.

"Dìreach thusa," thuirt i. "Ainm," thuirt i gu borb, gun càil de dhùil aig Eoin ris an dàrna h-iarrtas.

"Eoin Ó Faoileáin," thuirt e, agus crith na ghuth leis na bh' air de dh' eagal 's de dh' iongnadh le chèile.

"Agus carson, Eoin," thuirt i, "a tha thu a' magadh air Máire an seo?"

Ged a bha buige na guth nach robh ann nuair a bhruidhinn i ris an toiseach, bha làn ùghdarras ri chluinntinn ann an guth an tidseir. Dh' aithnich Eoin sin cuideachd agus thuig e gum feumadh e leigeil roimhe an turas seo. Ach b' e an rud e nach robh e furasta dha a leithid sin a dhèanamh agus is e am freagairt a thug e: "Cha tuirt mise càil."

"Bha mi gad choimhead agus tu ga ràdh, Eoin," ars a' bhana-mhaighstir, agus mus robh cothrom aige smaoineachadh air freagairt eile, thuirt i gu h-ùghdarrasail: "Na tachradh e a-rithist."

Bha e duilich do Eoin gabhail ris an sin, agus ged a smaoinich e air freagairt a thoirt dhi thuig e cuideachd nach robh e na bhuannachd dha a dhol na h-aghaidh. Cha robh e toilichte gèilleadh mar seo, gu h-àraid agus na daoine eile sa chlas ga fhaicinn. B' e esan blaigeard a' chlas agus, smaoinich e leis fhèin, chan ann mar sin a bu chòir dèiligeadh leis a' bhleigeard.

Dh' fhairich e deirge aodainn leis mar a bha an fhuil a' rèiseadh tro na cuislean sa cheann aige. Bha a chluasan nan teine leis an fheirg a chuir am balgaire strainnsear sin air. Dìreach sa mhionaid sin, na inntinn fhèin chuir e roimhe gum faigheadh e làmh an uachdair oirre; gheibheadh esan a dhìoghaltas fhèin.

B' e madainn bhrèagha Earraich a bh' ann agus bha mi fhìn, Eoin agus Ailean Ó Loideáin air an rathad dhan sgoil. Bha saorsa air choreigin san èadhar a' mhadainn ud a bhuineas gu h-àraid do mhadainnean sgoile an Earraich – chanadh tu gur h-e toileachadh a bh' ann a bhith a' dèanamh air an sgoil. Bhiodh flùraichean sa chlasrùm an-diugh agus bhiodh na h-uinneagan fosgailte a-mach agus bhiodh dreasa bàn-bhuidhe gun mhuinchillean air a' bhana-mhaighstir, a dhaingnicheadh dath a fuilt agus a craicinn. B' ann air a leithid seo de latha an-còmhnaidh a bhiodh an t-Athair Ó Gabháin a' tighinn gus ceistean a chur oirnn agus gus bruidhinn chagarsach dhìomhair a dhèanamh leis a' bhana-mhaighstir aig ceann shuas a' chlas. An uair sin bhruidhneadh e gu fosgailte air beulaibh a' chlas.

"Uill, dè do bheachd a bhana-mhaighstir," chanadh e, "a bheil thu a' smaoineachadh gun do fhreagair iad mi gu math?" Shaoileadh tu gur h-e Bodach na Nollaige a bh' ann le làn fhios againne gu robh làn poca de thiodhlacan aige air a ghualainn.

"Tha, tha mi a' smaoineachadh gun d' fhreagair, Athair," chanadh a' bhana-mhaighstir agus i ag iarraidh gun a bhith ro phròiseil asainn.

"Agus dè is urrainn dhuinn a thoirt dhaibh mar dhuais?" dh'

fhaighnicheadh an sagart dhi agus fios math aige dè a chòrdadh rinne.

"Chan eil fhios a-nis!" chanadh a' bhana-mhaighstir agus i a' cumail oirre leis an fhealla-dhà. "Is dòcha gun innis sinn dhan cheannard sgoile cho math agus a bha iad" - ach cha b' e sin a bhiodh sinn ag iarraidh.

"Is dòcha gum faodadh tu an cuir an sàs ann an ealain feasgar, a Bhana-mhaighstir" – nas fheàrr, ach fhathast cha b' e a bhiodh sinn ag iarraidh.

"Is dòcha a Bhana-mhaighstir," chanadh an sagairt agus a dhà mheòir gu tuigseach sgapte air a lethcheann, "gum faodadh tu," (agus e a' dèanamh fìor dheagh mheasadh air an smuain a bha e a' dol a nochdadh) "iad a … " (agus e a' cur fad ùine eile ris an smuain seo) "leigeil a-mach 15 mionaidean nas tràithe feasgar."

B' e sin e – "Is e," chanadh a h-uile duine agus faothachadh aca ga fhaighinn a' cluinntinn an dearbh rud ris an robh dùil aca bho thoiseach. Ach an-còmhnaidh bhiodh gasadh beag de theagamh ann nach ann mar sin a thachradh, agus chuireadh sin ris an fheitheamh, ris an iomagain agus ris an spreagadh nuair a thigeadh e.

B' ann a' coimhead air aghaidh ri turas ama saor dhen t-seòrsa sin a bha sinn a' mhadainn sin agus sinn a' bualadh oirnn dhan sgoil. Bha comharra na saorsa sin cho mòr san èadhar 's nach robh duilgheadasan an latha sgoile a' cur dragh sam bith oirnn, agus na thoileachadh buileach dhuinn bha na h-amannan pleidhe sa raon chluiche agus borbachd ar ruith nuair a bhuaileadh an clag feasgar.

Air dhuinn tighinn gu drochaid an Rathaid Iarainn os cionn

Loch an t-Sàile choimhead sinn a-mach bhuainn a dh' ionnsaigh Mòinteach nan Géiseach. Bha e soilleir dhuinn a' mhadainn sin gu robh sinn tràth no fadalach. Bha e cinnteach nach robh sinn aig an àm àbhaisteach oir cha robh sgeul air a' bhana-mhaighstir agus i a' dol aig astar fiadhaich air an rothair. Bhiodh sinn ga faicinn a h-uile madainn a' tighinn gar n-ionnsaigh agus bu chomharra cinnteach dhuinn sin gum biomaid ann an àm airson na sgoile, ged a bhiodh ise air an àite a ruighinn romhainn.

B' e seo àite cuideachd far am b' àbhaist cothrom air beagan spòrs a bhith againn anns a' mhadainn air an t-slighe. Bhiodh Eoin gu tric a' tilgeil poca uisge sìos air cuideigin a bhiodh a' coiseachd no a' rothaireachd a dh' ionnsaigh na drochaid. Dheigheadh an triùir againn air falach air cùlaibh rèilichean na drochaid ann an sin mar gum bu sinne na h-Ameireaganaich agus gu robh sinn an dèidh grenèad làimhe a thilgeil air na Gearmailtich. Bhiodh Eoin làn dhe fhèin an-còmhnaidh air sgàth "gnìomh na drochaid" mar a b' àbhaist dhuinne a bhith ag èigheach air. Bhiodh mi fhìn agus Ailean misneachail cuideachd nuair a dheigheadh againn air a dhol air falach agus bu dhiabhlaidh fhèin an t-eagal a bhiodh oirnn gun deigheadh breith oirnn. Bha farmad mòr againn ri Eoin a dhèanadh an aon rud agus nach leigeadh leis an dol-a-mach seo eagal sam bith a chur air.

A' mhadainn seo ge-tà, bha e follaiseach dhuinn gu robh sinn fadalach air dhòigh air choireigin. Cha robh am plana againn a' dol mar a b' àbhaist. Rinn sinn às air coiseachd sìos an rathad. Leis cho mòr 's a bha Eoin air a sgreamhachadh gun deach an cothrom airson bleigeardachd a chall, thilg e clach bhuaithe gu ladarna agus bhuail e air às ar dèidh.

Nuair a ràinig sinn an sgoil cha robh aon duine ann an raon cluiche na sgoile. Gu fortanach cha robh ceannard na sgoile ann nas mò, rud a b' àbhaist dha airson gum beireadh e air daoine fadalach mì-fhortanach na maidne. A' mhadainn sin ge-tà, bha e coltach gu robh sinn ceart gu leòr.

Shlaighd sinn a-steach tro na beàrnan sa gheata, choimhead sinn gu deas agus clì a dh'fhaicinn an robh e fhèin mun cuairt.

Leis a sin, rinn sinn às le ruid agus ràinig sinn prìomh dhoras na sgoile. Choimhead sinn gu ar làimh dheis far an robh oifis a' cheannaird - cha robh e an sin a bharrachd; bu chinnteach e gu robh Dia a' coimhead às ar dèidh air a' mhadainn seo. Chuir Eoin aon shùil gheur ri oisean an dà bhalla agus choimhead e bhuaithe gu h-ealanta sìos an trannsa.

"Ceart," thuirt e, "chan eil e mun cuairt."

Le ruid ghoirid eile ràinig sinn doras a' chlasrum, agus gun fuireach ri coimhead mun cuairt a-rithist a-steach leinn gu cridhe na sàbhailteachd.

Bha ar n-anail nar n-uchd air sgàth na h-oidhirp a bha againn air a dhèanamh. Choimhead sinn an taobh a bha deasg na bana-mhaighstir agus bha e follaiseach leis na bha de dh'uamhas agus de chùis-eagail romhainn nach robh Dia air bith ann, no ma bha, bha e follaiseach nach robh taobh aige rinne.

"Càite an robh sibhse thuige seo?" ars an ceannard, agus e na shuidhe anns an àite far am bu chòir a' bhana-mhaighstir a bhith. Ghabh mi fhìn agus Ailean a leithid de bhriosgadh agus gum b' urrainn dhuinn a chèile fhaicinn air chrith.

Cha b' ann mar sin a bha e do Eoin ge-tà. Bha nàdar Eoin nas dualtaiche gabhail ri dòigh dìreach a' cheannaird na ri sèimheachd na bana-mhaighstir. Ann an dòigh neònach bu toil le Eoin nàdar garg a' cheannaird – b' e laigse a bhiodh ann a bhith air dòigh sam bith eile. Agus mi fhìn agus Ailean a' leaghadh fo gheur-amharc a' cheannaird, arsa Eoin:

"Stad sinn air an rathad, a mhaighstir, a chuideachadh seann bhoireannach a thuit ann an laige air Sràid Dominic."

Choimhead mi fhìn agus Ailean air a chèile agus ar beul fosgailte leis an iongantas a chuir e oirnn an leisgeul seo a chluinntinn.

Chan fhaca an ceannard an t-iongantas seo oirnn air sgàth gu robh a shùilean-sa ann an dlùth cheangal le sùilean Eoin oir bha e airson amas air snàilean na fìrinne (no snàilean nam breugan) a tharraing a-mach à àiteigin ann an cùl cinn a' bhalaich. Dh'fhan Eoin na sheasamh gun ghluasad 's e a' sìor choimhead ann an sùilean a' cheannaird. Mu dheireadh cha b' urrainn dhan cheannard an geur-amharc a chumail suas na b' fhaide agus choimhead e bhuaithe a-mach air an uinneig. Às dèidh dhà-na-thrì dhiogan thionndaidh e air ais thugainn agus thuirt e:

"Suidhibh sìos, agus thigibh thugam às dèidh na sgoile an-diugh."

Shuidh sinn agus a chionn 's nach robh a' bhana-mhaighstir an làthair agus gu robh obair fhèin aig a' cheannard ri dhèanamh, chaidh leughadh sàmhach a thoirt dhuinn. Fiù 's ged a bhiodh ùidh aig Eoin ann an leughadh (rud nach robh) cha robh e an comas a dhèanamh an-dràsta. Bha a chuid fala a' dannsa na chuislean às dèidh mar a thachair leis a' cheannard. Bhris e e agus bha fios sin aige. Nas fheàrr na sin cuideachd, bha fhios aig a' cheannard fhèin air agus nas fheàrr buileach bha na sgoilearan eile sa chlas air fhaicinn. B' e latha mòr a bh' ann do Eoin, shaoil e.

Cha robh ach aon chron anns a' bhuannachd seo; is e sin nach robh a' bhana-mhaighstir ann airson fhaicinn. Lughdaich e cuimhne air an latha nach d' fhuair a' bhana-mhaighstir cunntas air na thachair air beulaibh a' chlas. Bha a' chuimhne sin fhathast mar gum biodh geinn ann an cridhe Eoin. Na faiceadh ise an dòigh a chleachd Eoin leis a' cheannard thuigeadh i bho seo a-mach nach b' urrainn dhi gun spèis a bhith aice dha. B' e esan an slaoightire sa chlas.

Dh'fhuirich an tachartas seo ann an inntinn Eoin gus an d' fhalbh an clag aig àm bidhe. Anns an eadar-àm cha tàinig a' bhana-mhaighstir a-steach dhan sgoil agus bha e follaiseach aig an ìre seo nach biodh i a' tighinn. Sgap sgeul na maidne air feadh an raoin-chluiche agus mheudaich sin cliù Eoin mar ghaisgeach. Shaoil e fhèin agus e a' dol mun cuairt an raoin-chluiche, a' mionnan agus a' breabadh, gu robh farmad aig a' chloinn eile ris.

Shaoil e gu robh a h-uile balach a chunnaic e san raon-chluiche ag iarraidh a bhith coltach ris; shaoil e gu robh gach nighean a' gabhail iongantas mòr dheth.

Chaidh briseadh a-steach air a' bheachd-smuain àraid seo cho luath 's a bhuail clag na sgoile. Bha an àm-cluiche seachad – a-steach dha na loidhnichean, sìos an trannsa agus air ais leinn dha na suidheachain.

Cha robh e fada gus an tàinig an ceannard-sgoile a-steach às ar dèidh.

"A-mach leis na leabhraichean matamataig," thuirt e. "Fosglaibh aig duilleag 72! A-nis, a bheil sibh a' faicinn àireamh a trì, a ceithir agus a …"

Leis a sin chaidh stad air a chuid cainnt nuair a dh'fhosgail an t-Athair Ó Gabháin an doras. Bha dùil againne gun robh sinn saor a-rithist bhon obair ach cha robh ann ach gu robh e ag iarraidh bruidhinn ris a' mhaighstir sgoile "airson dà dhiog", mar a chanadh e fhèin.

Chaidh am maighstir chun an dorais agus thòisich e a' sainnsearachd ris. Bha e follaiseach bhon atharrachadh a thàinig air fiamh a' mhaighstir air sgàth a' chòmhraidh sin nach b' e sgeul mhath a bha iad a' deasbad. Chuir iad seachad mu thrì mionaidean a' cainnt agus thill am maighstir a-steach dhan chlas. Sheas e air beulaibh a' chlas agus coltas glè bhrònach air. Shaoileadh tu a' sealltainn air aig ceann shuas a' chlas gun robh e a' sabaid ris fhèin gus a smuaintean a chur ann an òrdugh.

"Dùinibh na leabhraichean," thuirt e mu dheireadh. "Dùinibh na leabhraichean agus èistibh rium mas e ur toil e."

Chaidh na leabhraichean a dhùnadh agus choimhead sinn gu lèir gu furachail air a' mhaighstir.

"Chaidh a' bhana-mhaighstir a mharbhadh ann an tubaist rathaid anns a' mhadainn," ars esan anns a' bhad.

Thàinig aithghearrachd na sgeòil oirnn gun fhiosta air dhòigh 's gu robh sinn air ar fàgail nar suidhe an sin, le ar beul fosgailte, mar gu robh sinn air dòrn fhaighinn eadar an dà shùil. Bha làn shàmhchair ann airson dhà no trì dhiogan – agus an sin, mar gum biodh tilgean a' reubadh tro na speuran, thàinig ràn chaol fhada bho Bhríd Ní Mhórdha. Thòisich Áine Ní Chonghaile a' gal cuideachd agus an uair sin Máire Ní Chathasaigh, agus cha robh e fada gus an robh na deòir air cha mhòr a h-uile lethcheann sa chlas. Lean an caoineadh seo air gu ceann dhà no trì mhionaidean, agus nuair a thàinig lasachadh air thuirt am maighstir-sgoile a-rithist:

"Bha a' bhana-mhaighstir a' dràibheadh chun na sgoile anns a' mhadainn sa chàr ùr aice nuair a bhuail i ann an drochaid an rathaid iarainn air Rathad Loch an t-Sàile. Chan eil fhios dè bu choireach."

Aloysius

Cha do chreid duine sam bith e nuair a thuirt e gum faca e e a' cromadh agus a' laighe sa phàirc ball-coise oidhche no dhà roimhe sin. Carson a chreideadh? Nach b' e esan a thuirt bliadhna no dhà roimhe sin gu robh comas aige labhairt ris a' chù agus gu robh na beathaichean sin nas fheàrr air gnothaichean matamataigeach a thuigsinn na bha na daoine? Nach b' e esan cuideachd a thog am bothan tèarainteachd air cùl an taighe o chionn deich bliadhna, a chionn 's gu robh na Ruiseanaich a' dol a thoirt ionnsaigh air Èirinn?

Uill, mar a thachair, cha robh aon fhacal fìrinne san dà sgeulachd sin, agus cha robh teagamh sam bith ann an inntinn muinntir na sgìre nach robh Aloysius Ó Luanaí càil ach a' rabhdail a-rithist an turas seo.

A dh' aindeoin sin, thàinig luchd an rèidio agus luchd an telebhisean a dhèanamh agallamh leis; bha riochdairean bho na pàipearan naidheachd an làthair; bha fathann ann fiù 's gu robh eòlaichean à Ameireagadh le ùidh anns na gnothaichean seo a' tighinn a-nall airson bruidhinn ri Aloysius mu dheidhinn na chunnaic e.

Rinn mi fhìn agus Peadar, mo bhràthair, air an taigh airson blasad de na bha a' tachairt fhaighinn. Bha gach gille òg agus nighean anns an sgìre ann romhainn, gach duine aca ag iarraidh àite math fhaighinn dhaibh fhèin gus am faiceadh iad na camara-an telebhisean agus sinn gu lèir an dùil gur dòcha gum beireadh an camara oirnn agus gum faiceadh tu air an telebhisean sinn an oidhche sin fhèin.

Cheasnaich fear an telebhisean Aloysius air beulaibh an t-sluaigh agus na dithis aca na seasamh aig doras an taighe.

"Thathar ag ràdh, Aloysius, gu bheil thu a' smaoineachadh gum faca tu soitheach-fànais a' laighe sa cheàrnaidh seo an oidhche roimhe," thuirt fear an telebhisean.

"Chan eil SMAOIN sam bith ma dheidhinn – chunnaic mi e, agus sin e," arsa Aloysius, agus coltas gu math feargach air air sgàth an fhuaim fhanaideach a bha ri chluinntinn ann an guth fear an telebhisean.

"An toir thu fiosrachadh dhuinn mun t-soitheach airson ar luchd-amharc."

"Uill, bha e mar gum biodh L mòr ann," arsa Aloysius.

"L mòr," arsa fear an telebhisean – "chan eil mi a' tuigsinn."

"Seadh, L," arsa Aloysius, "sin an cruth a bha air."

"Agus dè cho mòr agus a bha an, ahem, an L seo?" dh' fhaighnich an neach-naidheachd agus e a' feuchainn ris a' ghàire a bh' air fhalach.

"Lìon e a' phàirc nuair a laigh e," arsa Aloysius. "Bha cas an L còrr agus ceud meatair a dh' fhad agus fichead meatair a leud."

"Dè am fad a tha sin gu lèir, Luanaí Luanaí?" dh' èigh amadan air choireigin air cùl an t-sluaigh.

"Cuir ceist air cù na matamataige," arsa burraidh eile.

Rinn an sluagh gàire dhian ris an eirmseachd seo, ach bha e follaiseach bhon fhiamh a bha air aodann Aloysius nach do shaoil esan gu robh e èibhinn.

"Chì sibh ann an ùine nach bi fada, amadain," dh' èigh e. "Tha iad a' tilleadh a-rithist a dh' aithghearr. Thuirt iad rium e."

Cinnteach gu leòr bha buaidh làidir aig a mhacmeanmainn air Aloysius; bha sin ri fhaicinn ann on chiad latha a thòisich e a' bruidhinn. "Dhadaidh, Dhadaidh," thuirt e aig dà bhliadhna a dh' aois agus e a' sìneadh meur a dh' ionnsaigh a' phòla dealain mu choinneimh an taighe. Chan e breug a th' ann a ràdh gu robh athair Aloysius àrd caol, ach bhiodh e a' dol cus ro fhada a dhèanamh a-mach gu robh e faisg air a bhith cho àrd no cho caol ris a' phòla dealain.

Rinn eas-creideamh fear an telebhisean dragh mòr dha Aloysius an oidhche sin. Bha dìth spèis muinntir an àite na àmhghair dha cuideachd ach bha dùil aige ris an sin co-dhiù. Lean Aloysius air adhart ag ullachadh airson an "dàrna tighinn" mar a thug e air. B' àbhaist dha roimhe seo a bhith a' dol gu Club na h-Òigridh ann an talla na paraiste trì no ceithir oidhcheannan san t-seachdain. Chuir e stad gu tur air na turasan sin. Agus, ged a chum e air leis an trèanadh ball-coise gach oidhche Dhiardaoin, bu bheag diù a bha aige dhan bhall-coise fhèin. Bha barrachd ùidh aige anns a' phàirce cluiche aige fhèin.

Chitheadh tu ann e airson uair a thìde ro a thrèanadh agus e a' tomhais fad agus leud na pàirce. Chuireadh e a chluas ris an talamh bho àm gu àm agus leumadh e suas na sheasamh gu h-obann a-rithist. Sgrìobhadh e rudeigin anns a' mheòrachan aige agus ghabhadh e air adhart agus dhèanadh e an aon rud a-rithist. Bu tric a laigheadh e sìos air a bhroinn le a chasan agus a làmhan sgapte a-mach.

Nuair a chitheadh e na balaich eile a' tighinn, chuireadh e a pheann agus a mheòrachan a-steach na bhaga agus dhèanadh e air an t-seòmar-èididh. B' iomadh ceist a chaidh a chur air Aloysius le buill eile na sgioba a thaobh dè a bha e a' dèanamh a-muigh sa phàirc, ach cha tug Aloysius feairt sam bith orra an còrr innse dhaibh. Cha toireadh e seachad mòran ach corra "is e" no "is dòcha".

Bha geamannan bliadhnail Fèile na Paraiste a' gabhail àite an ceann mìosa agus mar a b' àbhaist, a dh' aindeoin an trèanaidh dian a bha aige air a dhèanamh am-bliadhna a-rithist, chaidh a ràdh ri Aloysius nach robh àite sam bith sa sgioba dha. B' iomadh fear a chaidh a chur san sgioba nach robh air a bhith a' tighinn chun na seiseanan trèanaidh idir, agus bha e an-còmhnaidh follaiseach do Aloysius nach robh dòigh air domhain a bha an suidheachadh sin cothromach.

Bha uallach buain an fheòir air Aloysius a-rithist am-bliadhna. Bu bheag suim a bha aige san obair sin bliadhnaichean eile, ach air adhbhar air choreigin am-bliadhna, cha do shaoil e càil dheth. B' e a chaochladh a bha fìor a-rèir coltais. Bha e a' dèanamh gàirdeachas a bhith an sàs san obair sin am-bliadhna. Bha e coma nach robh e san sgioba. Ghabh e cùram na pàirce air fhèin gu dìcheallach, dealasach.

Bha fàs math de dh' fheur ri fhaicinn air a' phàirc agus e a' teannadh faisg air latha a' gheama mhòir. Bha tòrr bruidhinn ann am measg nan daoine, eadar sean is òg, air sàr-mhathas na h-obrach a bha dèanta aig Aloysius. Bha daoine aig nach robh facal math a-riamh ri ràdh ma dheidhinn a-nis ag ràdh gur dòcha gum b' fhiach Aloysius rudeigin.

Dìreach mar nach do ghabh Aloysius suim sam bith den chàineadh a fhuair e, cha mhò a chuir e suim sam bith sa mholadh seo. Cha robh dragh aige dhan bheachd sin; cha b' ann dhaibhsan a chuir e a' phàirc air dòigh, ach dha fhèin.

Dihaoine, dà latha ron ghèam mhòr, dh' iarr Aloysius ceud gu leth tubhailt gheal air Comataidh Fèile na Paraiste gus am b' urrainn dha cuairt-thomhais na pàirce a chomharrachadh. Cha do thuig iad ciamar air thalamh tròcair a bhiodh feum aige air an uiread sin de thubhailtean airson an obair sin a dhèanamh, ach air sgàth àrd-ìre na h-obrach a bha Aloysius air a dhèanamh thuige seo, chuir iad romhpa na tubhailtean fhaighinn dha gun chur na aghaidh. Chaidh am fàgail a-staigh ann an taigh Aloysius oidhche Shathairne.

Air dha Aloysius tilleadh à Aifreann na seachdaine an oidhche Shathairne ud, thòisich e air na tubhailtean a chur dhan bhucas stòraidh ann an cùl na cairte bige fiodha a thog e fhèin bliadhna no dhà roimhe sin. A-steach còmhla ri seo chuir e màileid-siubhail, a bha air a cuir air leth aige a dh' aon ghnothaich bho thoiseach na seachdaine. Chuir e an gleoc-rabhaidh air dòigh airson a dhùsgadh aig 4.45m. an ath mhadainn agus dh' fhalbh e dhan leabaidh agus e socair na inntinn gu robh gu leòr ama aige air a chur mu seach airson obair an latha a-màireach.

B' e latha brèagha samhraidh a bh' ann an Didòmhnaich sin. Bha an sluagh a' dèanamh gu toilichte air pàirc ball-coise na paraiste agus dùil aca ri gèam math spòrsail fhaicinn. Bha na fir a' bruidhinn air gèam na bliadhna an-uiridh agus iad den bheachd nach b' urrainn do ghèam an latha an-diugh a bhith na b' fheàrr na e. B' iongantach an sealladh e, an sluagh ann an dathan gorma agus buidhe, bàndhearga agus geala fhaicinn mar gum biodh sruthan, a' dèanamh air a' phàirc chluiche. Bu bhrèagha an sealladh a bhiodh ann do dhuine a dh' fhaodadh coimhead a-nuas às na speuran.

Mun àm a dh' fhosgladh geataichean na pàirce bha faisg air dà mhìle duine air an taobh a-muigh. A-steach leotha nan ruith, a h-uile duine aca a' dèanamh air an àite a b' fheàrr airson amharc air a' ghèam. Gu h-obann, sguir a h-uile duine den fhuaim 's den ruith; choimhead daoine air a' phàirc agus an uair sin ri chèile, cuid aca a' smaoineachadh gur ann a' bruadar a bha iad; cuid eile a shaoil gun do chaill iad an teanga.

A-muigh an sin fa an comhair, far an robh dùil aca a bhiodh pàirc brèagha gorm, bha sgrìob mhòr fharsaing air fhàgail. Bha toll mòr donn air a losgadh a-steach san talamh, anns an robh deich troighean de dhoimhneachd agus e ann an cumadh L mhòr. Bha an L, eadar cas agus bun, air a cuairteachadh le tubhailtean air an robh dath soilleir geal uair, ach a-nis a bha air an leth-losgadh air dhòigh air choireigin. Ann an uilinn an L, far an robh a' chas agus am bun a' tighinn gu chèile, bha rud no dhà nach b' urrainnear a dhèanamh a-mach bhon àite far an robh an sluagh nan seasamh.

Chuir rùnaire agus cathraiche Fèile na Paraiste romhpa a dhol cho fada agus gum faiceadh iad dè a bh' ann. Air dhaibh an uilinn a ruighinn, chunnaic iad nach robh ann ach dà phaidhir rothan a bha coltach ris gum buineadh iad do chairt bhig, iall leathair a chuireadh tu mu amhaich coin agus meòrachan beag air an robh comharran neònach nach gabhadh tuigsinn.

An Oidhche Mhòr

Bha na mìltean de dhìoghrasaich ball-basgaid cruinn còmhla a-staigh ann an Gàrradh Madison airson a' chuairt dheireannach eadar Ceiltich Bhoston agus 76ers Philadelphia fhaicinn. Chan fhacadh a leithid de dh' othail anns a' Phrìomh-oifis spòrs ann am Baile Nuadh Eabhraic bho chluicheadh na cuairtean deireannach ainmeil ud air ais anns na seasgadan. Bha na sgiobaidhean air bhioran, bha na h-oidean trèanaidh nearbhasach, agus an dà luchd-leantainn ... uill, bha iad sin dòchasach – dòchasach gum b' iad na gaisgich acasan a bheireadh leotha an latha; gum b' e ainm na sgioba sin dhan robh iad a' toirt an dìlseachd seachdain às dèidh seachdain, bliadhna às dèidh bliadhna, a bhiodh air a ghràbhail air Cupa na Cruinne às dèidh gèam na h-oidhche seo a bhith seachad. Bha draoidheachd san èadhar agus bha sìor mhonmhar nan 45,000 a bha an làthair mar a' chiad torghan tàirneanaich ro bhriseadh na stoirme. Bu mòr a' bhruidhinn a bha cuid aca air a dhèanamh o chionn làithean mu dheidhinn cò a bhiodh oide-trèanaidh nan Ceilteach, Bill Fitch, air fhaighinn mar neach-ionaid an àite an sàr-dhìonadair sin, Tiny Archibald – fear a bha a-nis a-mach às dèidh obair-lannsa air a ghlùin. Bha gu leòr a' smaoineachadh gun cuireadh Fitch Laraidh Bird a-steach mar dhìonadair an àite Tiny agus an uair sin Danny Ainge a chur an àite Laraidh ann am meadhan na cùirte. Shaoil cuid eile den luchd-leantainn gur dòcha gun deigheadh M. L. Carr a chur mar dhìonadair agus Fitch an dùil nach dèanadh Philadelphia an donas càil air M. L. a thaobh e a bhith mall air ruith. Cuid eile a bharrachd dhen luchd-leantainn a bha dhen bheachd gu robh dìonadair ùr air fhaighinn aig Fitch – duine aig nach robh eòlas mòr sam bith seach e a bhith a' cluiche ann an sgioba òg a-muigh ann am Marlboro, aon de na bailtean air iomall Bhoston. Cha robh am beachd deireannach seo ga nochdadh ro fhollaiseach ge-tà, oir bha eagal orrasan a bha ga chreidsinn gum biodh iad nan culaidhean magaidh aig a' chuid eile den luchd-leantainn air sgàth beachd gòrach mar sin a bhith aca.

Thàinig sàmhchair gu h-aithghearr air na bha an làthair nuair a chuala iad "gliog" slaodach an t-siostaim fuaim … feitheamh dìreach diog; …agus leis a sin: "A dhaoine uaisle, seo agaibh a-nis iad – 76ers Philadelphia!" Bha an luchd-leantainn a' dol às an rian leis an toileachas a bh' orra nuair a chunnaic iad an sgioba. Às dèidh greiseag dh' fhàs iad sàmhach gus an cluinneadh iad na cluicheadairean gan ainmeachadh: "Julius 'An Dotair' Erving", "Moses 'Millteach' Ó Maoileoin", "Muiris 'Mabach' Cheeks", agus mar sin air adhart. A-rithist dh' fhan cùisean sàmhach dìreach airson diog … agus leis a sin: "A dhaoine uaisle, seo agaibh a-nis iad, à prìomh bhaile Massachusetts – Ceiltich Bhoston!" Agus a-rithist, nuair a chuala iad sin, chaidh an luchd-leantainn nam boil le toileachas ach cha robh e fada gus an robh iad nan tàmh airson èisteachd ri ainmean cliùiteach an cuid ghaisgeach gan èigheach a-mach air a' ghlaodhaire: "Anns a' chiad àite aig na Ceiltich tha Laraidh Bird" – chaidh an sluagh air chuthach le aoibhneas, gach aon duine aca a' dol air chorra-biod gus sealladh math fhaighinn air a' chluicheadair seo a bha mar dhia aca. "Cedric Maxwell" - tuilleadh sùgraidh agus gluasad mun cuairt am measg an luchd-èisteachd. "Caoimhín Mac Éill" - bualadh bhoisean agus èigheach a bheireadh claisneachd do dhuine bothar. "Roibeárd 'An Ceannbhair' Parrish" - gàirdeachas is toileachas a-rithist orra. An uair sin … sàmhchair aithghearr, a bha air dhòigh air choreigin mì-shaorsainneil, draghail, dòchasach … bha freagairt na ceiste, a bha gach duine air a bhith a' cur o chionn greis, a' tighinn. Bha luchd-leantainn nan Ceilteach nan suidhe air oir nam beingean, cuid aca a' toirt ionnsaigh fhiadhaich air an cuid ìnean; cuid eile aca – bha iad eadar dà stòl – bha iad airson an sgeul a chluinntinn, ach aig an aon àm cha robh.

"Gliog" bagarrach a-rithist bhon ghlaodhaire agus thuirteadh: "A dhaoine uaisle, an dìonadair ùr aig Ceiltich Bhoston: Kristen Duffin!" Sgap sgleò de shàmhchair air feadh luchd-leantainn nan Ceilteach nuair a chuala iad sin; bha a' choltas orra nach do chreid iad na chuala iad.

An sin thòisich cuid dhiubh a' faighneachd: "Cò esan?" "Ach 's e nighean …" Ach chaidh deireadh air àm bruidhinn: bha a' chluiche fo làn-sheòl agus mar-thà bha a' chiad bacadh air a bhuannachadh aig Philadelphia. Cha b' fhada, ge-tà, gus an do chothromaich Laraidh an sgòr le trì bacaidhean sgoinneil a bhuannachadh bho oir na cùirte. A-steach leis a' bhàla gu sgiobalta a-rithist bhon Dotair gu Moses; sìos a' chùirt le Moses le sìnteagan mòra fada, a-steach leis dhan cheàrnaidh sgòraidh, thilg e am ball a dh' ionnsaigh na basgaid agus a-steach … ach fuirich mionaid, dè tha seo? An cluicheadair òg ùr – Kristen – bhris i a-steach air iomairt Mhoses agus sìos i fhèin a dh' ionnsaigh ceàrnaidh sgòraidh Philadelphia gus an d' fhuair i fhèin am bàla dhan bhasgaid. Chuir seo an dà chuid iongantas agus aoibhneas air luchd-taic nan Ceilteach.

"Cha ghabh an Dufferman seo breith oirre," arsa fear dhiubh, agus dà chòrnair a bheòil ceangailte ri a dhà chluais leis an toileachas a bh' air.

"Chan e Dufferman a th' oirre, ach Dunphy," arsa fear eile aca, "agus 's e an fhìrinn a th' agad - 's e sàr chluicheadair a th' innte."

Agus b' ann mar sin a bha fad na tìde. Chluich na cluicheadairean gu sgairteil eadar tilgeil agus breith, eadar call agus sgòradh. Ghluais na h-oidean trèanaidh sìos is suas an loidhne agus iad fad na tìde ag èigheach facail comhairle a-steach gu na cluicheadairean. Bha 90,000 sùil a' geur-amharc air a' ghèam le "Àanna" agus "Ùanna" ga chluinntinn a-rèir agus dè bha no nach robh a' tachairt. A-nis, gun ach dà dhiog cluiche air fhàgail air a' ghleoc, bha Bill Fitch air loidhne oir na cùirte agus e a' guidhe air a chuid chluicheadairean aon oidhirp mhòr eile a dhèanamh …

"Dèanamaid e," arsa Laraidh agus e a' tilgeil a' bhàla gu Maxwell; anns an tionndadh aige thilg Max air ais e gu Kristen. Gun ach dìreach aon diog den ghèam air fhàgail, bha Kristen a' faireachdainn mar gu robh am bàla ceangailte na làimh fad uair a thìde. Air sgàth luchd Philadelphia a bhith aon phuing air thoiseach bha Kristen a' tuigsinn ro mhath gu feumadh i an sgòr seo a bhuannachadh. Choimhead i a-mach dìreach ma coinneimh, shocraich i a dà shùil air oir stàilinn na basgaid agus dìreach nuair a thilg i am bàla, thuit i air a tòin sìos air an talamh. Nuair a bha i a' tuiteam chun an talamh chuala i gàire ghlòrmhor an t-sluaigh ach cha robh fhios aice an iad luchd Bhoston no luchd Philadelphia a bha ga dhèanamh. Cha b' fhada a mhair a' mhì-chinnt. Chruinnich a co-chluicheadairean Ceilteach timcheall oirre agus thog iad suas i air an guailnean: "Is math a rinn thu, Kristen!"

Bha iad ga giùlain air an guailnean a dh' ionnsaigh doras an t-seòmair-èidigh agus fhathast bha an luchd-taic ag èigheach àrd an claiginn:

"Gun cumadh Dia suas thu, Kristen", "Is math a rinn thu, Kristen!" agus mar sin air adhart.

Leis a sin, dh' fhairich i cuideigin a' draghadh air a làmh chlì agus chuala i guth ag ràdh: "Kristen, Kristen … Kristen … " Nuair a thionndaidh i a ceann dh' aithnich i ri a taobh aghaidh a màthar: "Èirich às an leabaidh sin, a dheamhain bhig; no bidh tu fadalach airson na sgoile a-rithist …

Gun Dùil Ris

Smaoinich air mar a bhiodh cupal na meadhan aoise, a tha gnàthach stuama, nuair a bheir a' nighean aca a leannan, a tha na Phunk, dhachaigh chun an taighe.

Tha Pàdraig agus Nora a' coimhead air adhart ri am mac, Diarmad, tilleadh dhachaigh. Tha e air a bhith ag obair na fhear-lagha ann an Sasainn airson greis. Tha leannan Dhiarmaid, Roxanne, a' tighinn dhachaigh còmhla ris agus is e seo a' chiad uair do Phàdraig agus Nora tachairt rithe. Ach, gun dùil ris, tha nighean Phàdraig agus Nora, Deirdre, a' toirt a leannan fhèin, Fonsaí, chun an taighe. Is e punk gu chùl a th' ann am Fonsaí ach is e fìor dhuine laghach a th' ann – e gu mòr an sàs ann an gnìomhachd coimhearsnachd, obair le seann daoine gu h-àraid. Is e an rud as motha anns a bheil Fonsaí an sàs an-dràsta getà, cur an aghaidh a bhith a' reic bathar à Afraga a Deas sa mhòr-bhùth, anns a bheil e ag obair mar fhear-stòir. (Tha an dealbh-chluich stèidhte anns an àm sa bheil sgaradh-cinnidh fhathast a' dol air adhart ann an Afraga a Deas).

Bhon toiseach, a thaobh a' choltais neo-àbhaisteach a tha air Fonsaí, tha Pàdraig gu tur na aghaidh agus chan eil càil san amharc aige ach am fear òg a ruagadh a-mach às an taigh. Tha am fear òg a' còrdadh ri Nora getà, agus 's e buille uabhasach a th' ann do Dhad nuair a thig an sagart ionadail air chuairt chun an taighe agus Fonsaí fhathast ann. Tha làn aithne aig an t-sagairt air Fonsaí agus tha e ga mholadh chun na h-àirde. Tha buille an dèidh buille an dàn do stuamachd Phàdraig.

Gun Dùil Ris

Freagarrach do 10 – 17 bliadhna

Aig toiseach na dealbh-chluiche tha cupal pòsta, a tha nam meadhan aoise, anns an t-seòmar-suidhe. Tha bean an taighe, Nora, a' sgioblachadh agus a' cur rèite air gnothaichean anns an t-seòmar; tha an duine aice, Pàdraig, na shuidhe a' leughadh a' phàipeir.

Nora: *(Agus i fhathast an sàs anns an obair).* Chan fhada nis, a Phàdraig, gus am bi iad an seo.

Pàdraig: *(E am bogadh anns a' phàipeir naidheachd).* Hmm! Dè thuirt thu, a ghaoil?

Nora: Chan fhada, thuirt mi, gus am bi iad an seo

Pàdraig: Hmm! 'S dòcha. 'S dòcha. Dè an uair a thuirt e san litir?

Nora: Seachd uairean.

Pàdraig: Ohò, seachd uairean – chan eil am mac sin againne a' tuigsinn seachd uairean. Bidh e leth-uair an dèidh a seachd air a' char as tràithe mus bi e an seo.

(Tha sàmhchair ann airson diog no dhà; Nora a' cumail oirre a' sgioblachadh agus Pàdraig a' leughadh. An uair sin, agus coltas ceisteach air a h-aodann, canaidh Nora gu smaoineachail:)

Nora: Nach eil e iongantach nach tuirt e guth rinn cheana mu dheidhinn Roxanne seo gus an litir mu dheireadh aige!

Pàdraig: Uill, uill, a Nora. Nach beag an tuigsinn a th' agad dha na fir an dèidh a bhith pòsta aig fear ciatach dhiubh o chionn seachd bliadhna fichead. Chan e sin an seòrsa sgeul a tha furasta do mhac innse dha a mhàthair. Is e gnothaich mòr a th' anns a' phòsadh do dh' fhear sam bith, agus tha Diarmaid dìreach a' dèanamh mar a rinn sinn fhìn.

Nora: 'S dòcha, 's dòcha.

Pàdraig: Nach eil cuimhne agad gun do dh' fhàg sinn fhìn e gu mu dhà mhìos ron phòsadh mus do dh' innis sinn e do ar pàrantan?

Nora: Aidh, tha sin fìor.
(Leis a sin, tha Pàdraig agus Nora a' coimhead gu draghail air a chèile agus canaidh Nora:)
Chan eil thu a' smaoineachadh … *(Brisidh Pàdraig a-steach).*

Pàdraig: Ist, a bhoireannaich. Cuir casg air do theangaidh agus na bi bruidhinn gòrach. Tha a h-uile càil ceart gu leòr …
(Tha sàmhchair mì-chofhurtail ann airson diog).
Dè 'n t-ainm a thuirt e a th' oirre?

Nora: 'S e 'Roxanne' a bh' anns an litir.

Pàdraig: Roxanne, Roxanne. *(Ag ràdh sin gu smaoineachail)*
Nach e sin an seòrsa ainm a bhios air na daoine dubha?
(Agus e a' priobadh air an luchd-amharc).

Nora: O, a Phàdraig, na bi ag ràdh sin. Chan fhaodadh gum pòsadh e tè den chinneadh dhubh. Nach eil gu leòr nigheanan de sheòrsa fhèin ann a dh' fhaodadh e pòsadh … *(Brisidh Pàdraig a-steach a-rithist).*

Pàdraig: Tod, ist, a bhoireannaich. 'S ann a tha mi a' tarraing asad. Na gabh dragh mu dheidhinn. Co-dhiù, nach tuirt e gu bheil dath bàn air a falt?

Nora: O, tha thu ceart, a ghaoil – taing do Dhia gu bheil dath bàn air a falt.

Pàdraig: Agus sùilean mòra gorma na ceann.

Nora: O, gum beannaicheadh Dia do chuimhne a Phàdraig, agus na sùilean mòra gorma – thuirt e sin ceart gu leòr.

Pàdraig: Agus gun do choinnich e rithe ann an Club an Luchd-lagha!

Nora: Thubhairt, a ghaoil, thubhairt.

Pàdraig: Mar sin, feumaidh e bhith gur e tè-lagha a th' innte, coltach ris fhèin.

(Tha coltas saorsainneil air Nora a-nis).

Nora: Gu dearbh, tha thu ceart a Phàdraig, tha thu ceart.

Pàdraig: Is e as motha a tha a' cur dragh ormsa nach eil Deirdre againne aig an taigh ann an àm gus fàilte cheart a chur romhpa.

Nora: Och, bidh i an seo a dh' aithghearr. Tha làn mheas aice air a bràthair agus is cinnteach nach cailleadh i an cothrom gus coinneachadh ri Roxanne.

Pàdraig: *(Gu làidir, leth-fheargach).* 'S e an truaighe e, ma tha an uiread sin de mheas aice air a bràthair, nach leanadh i eisimpleir agus gun gabhadh i fhèin an sàs ann an lagh no ann an leigheas, no ann an rudeigin dhen t-seòrsa sin, an àite a bhith a' pacaigeadh sgeilpichean san diabhal mhòr-bhùth sin shìos ... i a' tarraing nàire oirre fhèin.

Nora: Nis, a Phàdraig, coma leat, coma leat. Nach eil i toilichte shìos an sin, agus nach eil e nas fheàrr a bhith toilichte na rud sam bith?

Pàdraig: Toilichte! Toilichte thuirt thu! Toilichte a bhith a' tarraing nàire oirre fhèin. Is miosa buileach e an nàire a tha i air a thoirt oirnne – gach diabhal nàbaidh anns an sgìre a' dol a-steach ann a choimhead oirre. A' Bhean Uí Bhroin sin:

(Tha magaidean sa chainnt agus sa choiseachd aig Pàdraig agus e ag atharrais air Bean Uí Bhroin (luaidhte gu h-àrd) agus air Bean Uí Chinnéide (luaidhte gu h-ìosal).

`Hmm! Nach e sin nighean an Oifigeir Pobaill agus i a' pacaigeadh sgeilpichean. Chuala mi ceart gu leòr nach robh càil a dh' fheum innte san sgoil.'

No an sgroidhd eile sin – Bean Uí Chinnéide le a: 'O, a Dheirdre, 's ann an seo a tha thu ag obair. Tha mi creidsinn gu bheil e … eh … inntinneach. Seadh, glè inntinneach, 's dòcha! … Uill, 's fheàrr e na a bhith dìomhain … 's dòcha.'

Agus an òinseach sin eile, Bean Uí …

(Tha Nora a' briseadh a-steach air gu feargach).

Nora: Tha siud gu leòr, a Phàdraig.

(An uair sin, a' fàs nas socaire na cainnt).

Tha sin gu leòr, a Phàdraig. Bidh i còmhla rinn ann an greiseag bheag agus cha bu mhath leam gum biodh dragh sam bith a' beantainn do chuairt Dhiarmaid.

(Cluinnear doras a' dùnadh)

Sin i a-nis. Cuimhnich, a Phàdraig, a bhith laghach rithe.

Deirdre: *(A' tighinn a-steach dhan rùm-suidhe).*

Haidh, Dia gur beannachadh.

Nora: Dia is Moire gad bheannachadh, a ghaoil.

Pàdraig: *(Gu tàireil).* Huh! Shaoileadh tu gum biodh tu an seo ann an àm airson fàilte cheart a chur air do bhràthair agus a leannan. *(Tha Deirdre a' tionndaidh a dh' ionnsaigh a màthair).*

Deirdre: O, a Mhamaidh, na canaibh rium gu bheil iad air falbh.

Nora:: Chan eil, a ghaoil, na gabh dragh. Cha tàinig iad fhathast.

Pàdraig: Ach bu chòir dhutsa a bhith an seo ann an àm, a nighean.

Deirdre: Uill, mura tàinig iad fhathast, tha mi ann an àm.

Pàdraig: Na …

(Tha e a' stad gu h-obann le a mheur an-àirde agus a bheul fosgailte. Tha e a' tuigsinn gun deach dèanamh a' chùis air na bhruidhinn. Tionndaidhidh e a dh' ionnsaigh an luchd-amharc).

Tha iad cho diabhlaidh geur san latha a th' ann!

(Tòisichidh e a' leughadh a' phàipeir a-rithist).

Deirdre: *(Gu aon taobh ri Nora).* A Mham, thug mi cuireadh do dh'Fhonsaí tighinn air chuairt an dèidh obair a-nochd.

Nora: A-nochd, a Dheirdre! Ach nach robh fhios agad glè mhath gu robh Diarmad agus Roxanne a' tighinn a-nochd?

Deirdre: Ach 's e an rud, a Mham, gun tug mi cuireadh dha mus tàinig fios sam bith bho Dhiarmad, agus leis na bha de dh'aoibhneas orm mun naidheachd aig Diarmad dhìochuimhnich mi buileach glan an rèite a bha mi air a dhèanamh le Fonsaí a chur dheth.

Nora: Uill, nach urrainn dhut fònadh thuige an-dràsta agus iarraidh air tighinn oidhch'-eigin eile?

Deirdre: Uill, chan urrainn idir, a Mham, oir sa chiad dol-a-mach, chan eil fòn aige aig an taigh, agus a thuilleadh air an sin thuirt mi ris a bhith an seo aig cairteal an dèidh a seachd.

Nora: *(A' coimhead air a' ghleoc).* Ach tha e dà mhionaid dheug às dèidh a-nis.

Deirdre: Tha fhios agam, a Mham. Am mìnich sibhse an sgeul do Dhad fhad 's a tha mise ag atharrachadh mo chuid aodaich?

Nora: Uill, eh … ach eh …

(Tha Nora a' suathadh a làmhan gu nearbhasach agus i a' feuchainn ri reusonachadh ri Deirdre, ach tha Deirdre a' falbh a-mach agus tha sin a' fàgail Nora leatha fhèin gus an sgeul a mhìneachadh do Phàdraig. Rachaidh i ga ionnsaigh gu nearbhasach agus leigidh i osna aiste).

Eh, a Phàdraig … a ghaoil.

Pàdraig: *(Coltas teagmhach, mì-earbsach air aodann).*

Tha rudeigin ceàrr. Tha mi ag aithneachadh air a' ghuth sin agad. Dè tha ceàrr?

Nora: Chan eil dad, a ghaoil … a ghràidh.
(Suathaidh i sgealpaich bho a ghualainn gu cneasta).

Pàdraig: Huh!

Nora: *(Nearbhasach)* Eh … tha fhios agad air Fonsaí …

Pàdraig: *(A' togail a cheann às a' phàipear a-rithist).*
Fonsaí! Fonsaí? Cha chuala mi a-riamh ma dheidhinn.

Nora: Uill, eh, Fonsaí … eh … Fonsaí Dheirdre air a bheil mi a' bruidhinn.

Pàdraig: Fonsaí Dheirdre! Cha chuala mi a-riamh ma dheidhinn.

Nora: O, uill eh … 's e leannan Dheirdre a th' ann.

Pàdraig: Uill, gun teagamh, cò eile a ròghnaicheadh mar leannan duine leis an ainm Fonsaí, ach Deirdre againne.
(An sin le guth fanaideach spaideil).
Fonsaí seo – Fonsaí siud – Fonsaí eile. O, sin agad Deirdre againne ceart gu leòr. Dè mu dheidhinn Fonsaí seo?

Nora: Uill, bidh e còmhla rinn an seo ann an ùine ghoirid.

Pàdraig: Na can rium gu bheil e a' tighinn air an Dòmhnach! – Tha fhios agad gu bheil an fharpais goilf a' dol air adhart air an Dòmhnach agus …
(brisidh Nora a-steach air).

Nora: Chan eil adhbhar sam bith dhut dragh a ghabhail mun fharpais goilf, a Phàdraig – chan ann air an Dòmhnach a bhios e a' tighinn.
(Coltas nearbhasach oirre fhathast).

Pàdraig: Ah, na can rium gum bi e an seo a-màireach agus dùil agamsa coimhead air a' ghèam ball-coise air an telebhisean.

Nora: Gabh air do shocair a-nis, a Phàdraig; chan ann a-màireach nas mò.

Pàdraig: Uill, is math an rud e nach ann.

Nora: Chan ann idir, ach oidhche Haoine.

Pàdraig: Ohò, glè mhath gu dearbh mas ann – agus nach eil sin seachdain air falbh fhathast?

Nora: *(Nearbhasach)* Uill, eh, oidhche Haoine na seachdain seo air a bheil mi a-mach.

Pàdraig: *(Gnogadh cinn shàsaichte bhuaithe an toiseach, ach an uair sin coltas na feirge).*

Oidhche Haoine na seachdain-sa! Agus nach e sin an-diugh? Na can gu bheil e a' tighinn a-nochd agus Diarmad agus a leannan a' tighinn. Dè seòrsa òinseach a th' ann an Deirdre againne? A bheil spèis sam bith aice dhuinn idir? Shaoileadh tu gur e stèisean trèanach a th' anns an taigh seo, leis na tha de ruith a-mach agus a-steach aig a cuid leannainn-se ga dhèanamh san àite. A bheil tuigsinn sam bith aice do shuidheachadh duine sam bith eile?

(Tha coltas na sgreamh air airson diog).

Dè an seòrsa fear a th' ann am Fonsaí seo? Dè an obair a th' aige? Cò às a tha e?

Nora: Chan eil fhios agam air aon chàil ma dheidhinn. Cha do choinnich mi fhìn ris fhathast. Chan eil fhios agam air càil ach gu bheil e gu bhith an seo aig cairteal an dèidh a seachd.

(Tha Pàdraig a' coimhead air uaireadair).

Pàdraig: Cairteal an dèidh a seachd! Dia gam shàbhaladh! Agus nach e sin an uair a tha e an-dràsta!

(Tha an fhearg ag èirigh air Pàdraig).

Cà' bheil Deirdre? Cà' bheil i? *(E a' dol às a rian)* Dheirdre! Dheirdre!

(Tha Deirdre a' coiseachd a-steach agus tha Pàdraig an impis ionnsaigh a thoirt oirre).

Dè seòrsa nighean a th' annadsa idir 's gu …

(Bristear a-steach air a chainnt le gnog aig an doras.

Tha Pàdraig, Nora agus Deirdre a' coimhead gu h-obann a dh' ionnsaigh an luchd-amharc agus oillt air an aodainn).

Pàdraig/
Nora/
Deirdre: Fonsaí! *(Tha greiseag shàmhach ann airson diog no dhà).*

Deirdre: Freagraidh mise e, a Mham. *(Tha i a' falbh a-mach).*

Pàdraig: *(A' dèanamh aithris gutha air Deirdre)* Freagraidh mise e, a Mham!

(An uair sin canaidh e ris an luchd-amharc).

By jove, tha an dearbh chaileag cho clis agus cho ealamh le a cuid entrée-an agus exit-an 's gum bu chòir dhi a bhith an sàs ann an dràma stèidse.

(Aig cùl na stèidse cluinnear guth Dheirdre).

Deirdre: Fonsai, a ghaoil!

(Tha Pàdraig ag atharrais oirre a-rithist agus a' dèanamh mhagaidean a dh' ionnsaigh an luchd-amharc).

Pàdraig: Fonsaí, a ghaoil! Fonsaí, a ghaoil! Fonsaí, mo ...

(Brisear a-steach air le Deirdre a' tighinn a-steach).

Deirdre: A Mham, a Dhad, seo Fonsaí.

(Tha Nora ga fhaicinn an toiseach oir tha i air tarraing faisg air an doras. Tha i a' clisgeadh agus a' leigeil aiste sgreuch chaol àrd neònach nuair a chì i gu bheil fìor stoidhle a' phunk air Fonsaí. Tha i a' ruith a dh' ionnsaigh Dad gus a dìon, agus a-steach leatha air cùlaibh Phàdraig. Air dha Pàdraig Fonsaí fhaicinn bheir e mion-leum às, ach tionndaidhidh e a-rithist a dh' ionnsaigh an luchd-amharc; togaidh e a shùilean dha na speuran agus canaidh e gu beumnach:)

Pàdraig: By gì! Tha seud cheart an seo againn!

(Tha e a' tionndadh air ais a dh' ionnsaigh Fhonsaí).

Uill, Fhonsaí, bha e math coinneachadh riut; 's dòcha gum faic sinn thu a-rithist àm air choreigin eile. Tha mi uabhasach duilich gu bheil cabhag ort dhachaigh, ach a rèir coltais chan eil aon dòigh air an gabh sin a leasachadh.

(Tha grèim aig Pàdraig air uillinn air Fonsaí fhad 's a tha e ag ràdh na tha seo. Tha coltas do-thuigsinneach air Fonsaí; tha coltas na feirge air Deirdre; agus tha Nora air a thighinn thuice fhèin mun àm seo. Tha Deirdre ag ràdh gu h-iomagaineach feargach).

Deirdre: A Mham, a Dhad.

Nora: *(A' tighinn a dh' ionnsaigh Fhonsaí agus Dheirdre).*

Nise, nise, a Phàdraig, 's dòcha nach eil cabhag cho mòr sin air Fonsaí.

(Tha Pàdraig a' togail a shùilean a-rithist dha na speuran agus canaidh e a-rithist gu dìomhair ris an luchd-amharc).

Pàdraig: By gì, tha seud cheart eile agam!

Nora: A bheil cabhag mhòr ort, Fhonsaí?

Fonsaí: Gu dearbh, chan eil a' chabhag as lugha orm a Bhean Uí Mháille – tha mi saor gu naoi uairean.

(Togaidh Pàdraig a shùilean a-rithist agus bruidhnidh e a-rithist ris an luchd-amharc, agus coltas dòrainneach air).

Pàdraig: Ò, a Mhamaidh! Tha e saor gu naoi uairean.

(Tuitidh e air ais na shuidhe air an t-sòfa).

Fonsaí: 'S ann dhuibhse tha iad seo, a Bhean Uí Mháille.

(Tha e a' sìneadh dòrlach dhìtheanan thuice).

Nora: *(Agus i air a dòigh).* O Fhonsaí, nach tu fhèin a tha còir!

(An uair sin canaidh i ri Pàdraig) A bheil thu a' faicinn sin, a Phàdraig – blàthan àlainn an Earraich bho Fhonsaí. Suidh sìos an seo air an t-sòfa, Fhonsaí.

(Tha Pàdraig ag èirigh dhen t-sòfa le leum agus a' gluasad gun t-sèithear aige fhèin air eagal 's gun tig air suidhe ri taobh Fhonsaí. Tha Fonsaí a' suidhe agus tha Nora agus Deirdre a' dol an sàs ann a' cur nam flùraichean air dòigh air a' chùl. Tha Fonsaí a' coimhead air ais riutha.

Fonsaí: Thuirt tè na bùtha gun mòran uisge a chur sa bhàs ach an t-uisge atharrachadh gu cunbhalach, agus air an dòigh sin gum fan iad ùr greis mhath.

(Fhad 's a tha Fonsaí a' tionndadh a dh' ionnsaigh Nora, tha Pàdraig air teannadh a-steach a dh' ionnsaigh Fhonsaí agus e a' dèanamh sgrùdadh gheur air na spìcean fuilt a tha air ceann Fhonsaí).

Nora: *(A cùlaibh ri Fonsaí agus an luchd-amharc).*

Ò, tha iad dìreach àlainn, Fhonsaí. Tapadh leatsa, gu dearbh.

(A-rithist, nì Pàdraig atharrais fanaideach air an seo a dh' ionnsaigh an luchd-amharc).

Pàdraig: Ò, tha iad dìreach àlainn, Fhonsaí. (Gu fanaideach)

(Tionndaidhidh Fonsaí air ais a dh' ionnsaigh Phàdraig gun fhiosta do Phàdraig, agus nuair a thionndaidheas Pàdraig air ais bhon luchd-amharc tha e a'toirt leum às agus a' dèanamh air an t-sèithear aige fhèin. Às dèidh diog no dhà de dh' imcheist tha Fonsaí ag ràdh).

Fonsaí: Tha sib' fhèin ag obair san t-Seirbheis Shìobhalta, a Mhic Uí Mháille?

Pàdraig: *(Gu h-ionnsaigheach)* Tha! Agus dè tha ceàrr air an sin?

Fonsaí: Ò, chan eil càil, a Mhic Uí Mháille; càil sam bith. A bh – a – a bheil an obair inntinneach?

Pàdraig: *(Gu cas, borb)* Na bi a' bruidhinn ma dheidhinn nuair a tha mi saor bhuaidhe.

(An uair sin gu h-ionnsaigheach) Dè mud dheidhinn fhèin, 'ille? Dè an seòrsa obrach a tha thu fhèin ris? Chan eil thusa san t-Seirbheis Shìobhalta co-dhiù. *(Agus sin gu beumnach).*

(An sin air oir ris an luchd-amharc:) Bi bloody cinnteach às nach eil.

Fonsaí: Uill, tha mi san aon mhòr-bhùth ri Deirdre, ach eh … uill, eh … tha mi air a bhith air stailc o chionn greis.

Pàdraig: Air stailc! Air stailc! Uill, bu chòir nàire bhith ort agus uiread de dhaoine gun obair an-dràsta fhèin.

Fonsaí: Uill, 's e stailc a thaobh prionnsabal a th' ann, a Mhic Uí Mháille, air sgàth an ana-ceartais a tha na daoine beairteach a' dèanamh air na daoine dubha ann an Afraga a Deas, 'eil sibh a' tuigsinn?

Pàdraig: Ohò, prionnsabal an e? Dè an t-eòlas a bhiodh aig do leithid-sa air prionnsabal? Na bi a' bruidhinn riumsa mu phrionnsabal. Tha fhios agamsa glè mhath mu …

(Thathar a' briseadh a-steach air òraid Phàdraig nuair a thig Nora agus Deirdre a-steach le teatha agus briosgaidean).

Nora: A-nis, Fhonsaí – cupan teatha agus beagan bhriosgaidean. *(Chan eil iad a' toirt aire sam bith do Phàdraig fhathast air sgàth agus gu bheil Nora agus Deirdre a' toirt an aire air fad do dh' Fhonsaí. Tha fiamh sgreamhail air aodann Phàdraig agus e a' faicinn sin. Tha Nora a' cumail oirre a' bruidhinn ri Fonsaí agus tha coltas Dad a' dol nas miosa).*

Bha Deirdre ag ràdh rium an-dràsta fhèin gu bheil thu a' toirt tòrr cuideachaidh do Chlub na h-Òigridh sa pharaiste, Fhonsaí.

(Tha coltas aingidh a' tighinn air Pàdraig).

Fonsaí: Uill, tha mi a' dèanamh mo dhìchill, a Bhean Uí Mháille. Tha mi air a bhith nam rianaire air o chionn dà bhliadhna, ach a chionn 's gu bheil mi cuideachd dripeil an sàs ann an cùisean chloinne a tha ciorramach, tha eagal orm gum feum mi Club na h-Òigridh a leigeil seachad an ath-bhliadhna. Cion tìde, tha sibh a' tuigsinn.

(Tha Pàdraig purpaidh san aodann leis an eud a tha air. Sprèadhaidh e).

Pàdraig: *(A' bruidhinn dìreach ri Nora agus Deirdre).* A bheil cunnart ann gum faigh mise cupan teatha bho aon seach a h-aon agaibhse?

Deirdre: Ò, gheibh mise sin dhuibh, a Dhad.

(Tha Nora a' gearradh a-steach a ràdh:)

Nora: Gabh air do shocair a-nis, a Dheirdre, a ghràidh. Fan an seo agus dèan còmhradh ri Fonsaí. Gheibh mise cupan dha Dad.

Fonsaí: *(Ag èirigh)* Gabhaibh an dithis agaibh air ur socair an sin a-nis. Tha sibhse air latha cruaidh obrach a chur seachad mar-thà, agus gun chàil agamsa ga dhèanamh ach a' coiseachd sìos agus suas air a' phiceid. Gheibh mise an teatha. Tha na fir eòlach gu leòr air na gnothaichean seo – nach eil sin fìor, a Mhic Uí Mháille?

(Tha e a' drùidheadh gu mòr air Nora agus air Deirdre. Tha an cuthach dearg air Pàdraig air dhòigh 's gun do ghabh e ri iomradh Fhonsaí mar oilbheum).

Pàdraig: Huh! *(Gu tarcaiseach)*

(Fhad 's a tha Fonsaí aig a' chùl tha Pàdraig a' bruidhinn ri Nora).

Feumaidh sinn faighinn cuidhteas am bleigeard sin mus tig Diarmad agus Roxanne.

Deirdre: Ach, a Dhad …

(Tha Pàdraig a' gearradh tarsainn air a cuid cainnt).

Pàdraig: Fan thusa sàmhach – is tusa a dh' adhbhraich an trioblaid seo.

Nora: Ach, a Phàdraig, 's e duine uasal modhail a th' ann gu chùl.

Pàdraig: *(gu borb)* Huh, abair e! Duine uasal modhail! Dhà-na-thrì fhlùraichean dhutsa agus chanadh tu gu robh muncaidh uasal modhail.

(Tha e a' gnogadh a chinn ag aontachadh leis fhèin).

A-nis, mar tha mise ga fhaicinn, chan eil mo liagh mòran nas fheàrr na muncaidh, a bheil?

Deirdre: *(I air a gortachadh)* A Dhad!

Nora: A Phàdraig! Tha mi cinnteach gum b' fhìor thoil le Diarmad agus Roxanne coinneachadh ris. 'S e duine uasal a th' ann.

Pàdraig: Uasal tha thu ag ràdh! Uasal! Uill, mas e sin uasal, tha …

(Leis a sin, tha e a' faicinn Fhonsaí a' tilleadh leis a' chupan).

Ist a-nis, seo e a-rithist.

(Tha Fonsaí a' sìneadh a' chupain gu Pàdraig. Chan eil aon 'tapadh leat' no càil eile bho Phàdraig. Tha e a' blasad air an teatha agus a' cur drèin ghrànda air fhèin).

Ghia! Chan eil aon ghràin siùcair san teatha seo, a bhalaich.

Fonsaí: Ò, gabhaibh mo leisgeul, a Mhic Uí Mháille – gheibh mi dhuibh e.

(Falbhaidh Fonsaí air ais a-rithist. Fhad 's a tha e air falbh, tha Pàdraig ag ràdh:)

Pàdraig: Cuiridh mise air a shlighe e cho luath agus a shluigeas mi seo sìos.

Deirdre: Ach, a Dhad ...

Nora: A Phàdraig, bi reusanta ma dheidhinn.

Pàdraig: Dùin do bheul, a bhoireannaich. Nì mise dìreach mar a thuirt mi. Ist a-nis – tha Spìcidh a' tilleadh. *(Tha Fonsaí a' tilleadh a-steach)*

Fonsaí: A-nis, a Mhic Uí Mháille.

(Tha Fonsaí a' cur an t-siùcair sìos ri taobh Phàdraig agus a' suidhe air ais na àite fhèin a-rithist. Tha Pàdraig a' bruidhinn.

Pàdraig: A-nis a dhuine, 's dòcha nach eil fhios agadsa air seo, ach tha ar mac Diarmad, bràthair Dheirdre, airson tadhal oirnn an seo a-nochd. Tha dà bhliadhna bhon bha e aig an taigh agus bidh a 'fiancé' *(guth spaideil)* Roxanne a' tighinn còmhla ris.

(Fonsaí a' briseadh a-steach).

Fonsaí: Uill, nach eil sin math! A bheil iad ... *(Pàdraig a' gearradh a-steach).*

Pàdraig: Mura h-eil mi a' cur cus dragh ort, chan eil mi deiseil dhem chòmhradh fhathast. Mar a bha mi ag ràdh, bidh am 'fiancé' *(gu spaideil)* aige còmhla ris agus bhiomaid fada nad chomain nan òladh tu sìos do chupan teatha agus ... *(Cluinnear gnog air an doras agus stadaidh Pàdraig a bhruidhinn).*

Pàdraig: Ò a Mhuire nan Gràs!

Deirdre: *(Aoibhneas oirre)* Tha iad air a thighinn, tha iad air a thighinn.

(Tha i a' leum an-àirde agus a' ruith chun an dorais;

èirigh Nora agus tòisichidh a' sgioblachadh nan suidheachain; èirigh Pàdraig agus coltas fiadhaich air aodann agus e a' coimhead gu geur tarcaiseach air Fonsaí bochd. Leis a sin, a-steach le Deirdre a-rithist).

Deirdre: A Dhad, 's e an t-Athair Ó Ceallacháin a th' ann. Tha e ag iarraidh bruidhinn ribh airson mionaid.

(Tha an sagart a' coiseachd a-steach air a cùlaibh. Thèid Pàdraig na choinneimh. Tha an triùir a' tòiseachadh a' bruidhinn ann an guth ìosal – Pàdraig agus an sagart a' bruidhinn a-mach).

Sagart: Uill a Phàdraig, an tàinig iad fhathast?

Pàdraig: Gu dearbh, cha tàinig Athair; tha iad fadalach. *(Sàmhchair airson diog no dhà).* Ach thàinig yob ceart thugainn ris nach robh dùil againn. Ma chì Roxanne an seo e bidh sinn air ar nàrachadh.

Sagart: Cò air a tha thu a-mach, a Phàdraig?

Pàdraig: Ohò, yob air choireigin leis a bheil Deirdre againne a' dol a-mach an-dràsta agus a thàinig a-steach thugainn gun dùil ris. Tha mi air a bhith ag iarraidh faighinn cuidhteas e bho thàinig e a-steach air an doras, ach leis na tha de dh' easbhaidh cèille air na boireannaich a tha seo agus de làn aineolais air a' Bhózó fhèin, tha làn dhùil agam an doras a shealltainn dha.

(Tha coltas smaoineachail air Pàdraig dìreach airson diog no dhà).

Is dòcha Athair, gun toireadh sib' fhèin cuideachadh dhomh leis a' chùis seo. Dè ur beachd?

Sagart: Uill a Phàdraig, 's iomadh cobhair a rinn thu fhèin ormsa agus mas e seo àm cuidhteachaidh, tha e glè chinnteach nach diùlt mi. Chan urrainn dhomh fhìn fuireach fada ach 's dòcha gum faodainn an ... Bòzo seo, mar a tha thu fhèin ag ràdh, a thoirt leam nuair a bhios mi a' falbh.

Pàdraig: Uill, gun toireadh Dia neart dhuibh, Athair. Gabhaibh a-steach gus am faic sibh.

(Còisichidh iad air adhart. Èirigh Nora agus Fonsaí).

Sagart: Dia leibh, Dia leibh an seo.

Nora: Ah, ceud fàilte a-steach, Athair.

Sagart: Tapadh leat, a Nora.

(Tha e a' tionndadh a dh' ionnsaigh Fhonsaí agus tha e follaiseach anns a' bhad gu bheil làn eòlais aca air a chèile. Tha Fonsaí a' bruidhinn agus e a' sìneadh a-mach a làimh gus breith air làimh air an t-sagairt).

Fonsaí: Athair Uí Cheallacháin! Ciamar a tha sibh?

(Beiridh iad air làimh air a chèile).

Sagart: Mo chreach-sa Fhonsaí, an tu a th' ann? 'S ann air èiginn a dh' aithnich mi thu agus do ghruag fhada air a gearradh. Rinn thu obair ionmholta dha na seann daoine aig a' chuirm aca an oidhche roimhe.

(Tha e follaiseach bho aodann Phàdraig gu bheil gnothaichean a' dol ma sgaoil dha agus gu bheil an àmhghar a tha na chridhe a' fàs nas gèire. Tha an sagart a' tionndadh gu Pàdraig).

Uill a Phàdraig, na faiceadh tu na h-iongantasan a rinn Fonsaí seo an latha roimhe.

(Stadaidh e, coimheadaidh e a-rithist air Fonsaí, agus air ais gu Pàdraig a-rithist).

Bòzo?

(Sàmhchair air feadh diog no dhà).

Uill a Nora, na faiceadh tu – bha e dìreach sgoinneil.

Nora: Tha mi cinnteach gu robh, Athair.

(Toileachas air Nora agus air Deirdre, ach tha Pàdraig fo sgòth).

Sagart: Chan eil a leithid ri fhaighinn sa cheàrnaidh seo.
(Cridhe Phàdraig a' tuiteam).
'S dòcha gun do dh' innis e an deagh sgeul dhuibh, huh?

Nora: Deagh sgeul? Cha do dh' innis, Athair.

Deirdre: Cha tuirt thu aon chàil mu dheidhinn deagh sgeul, Fhonsaí. Dè th' ann?

Fonsaí: Tod, chan eil dad.

Sagart: Chan eil dad! Chan eil dad, tha e ag ràdh. Mo chreach-sa thàinig, nach e an aon chuspair cainnt a tha air feadh a' bhaile seo an-diugh. 'S ann ainneamh a bhuannaicheas duine às an sgìre seo sgoilearachd de sheòrsa sam bith, ach duine a choisinneas sgoilearachd gu Colaiste na Trianaid, uill …
(Tha Deirdre a' briseadh a-steach).

Deirdre: Colaiste na Trianaid! Chan eil thu ag ràdh! Agus cha tuirt thu aon dùrd ma dheidhinn, Fhonsaí.

Fonsaí: Uill, bha mi airson innse dhut ma dheidhinn anns a' bhad, a Dheirdre. Cha d' fhuair mi fhìn a-mach ma dheidhinn gus an do thill mi dhachaigh bhon phiceid an-diugh. Bha mo mhàthair an sin romham agus an litir aice air a fosgladh.

Nora: Ò uill, co-ghàirdeachas bhon chridhe dhut, Fhonsaí, agus gu meal thu do naidheachd.
(Tha Pàdraig an sin gun fhacal – e air a ghonadh gur e gaisgeach a th' ann am Fonsaí).
Fosglamaid am botal fìon mar chomharrachadh - a Dheirdre – na glainneachan.
(Tha Deirdre a' gluasad air falbh gus na glainneachan fhaighinn. Tha Fonsaí agus an sagart gu mòr ann an còmhradh le chèile. Tha Nora a' cur fìon sna glainneachan. Tha iad gu lèir, ach Pàdraig, na seasamh

ann am meadhan an t-seòmair-suidhe, air cùlaibh an t-sòfa. Tha Pàdraig na shuidhe anns an aon chathair fad na tìde. Tha Pàdraig a' bruidhinn ris an luchd-amharc).

Pàdraig: Smaoinich air an sin! Am Bózó seo, Fonsaí, ann an Colaiste na Trianaid! Chan fhada gus am bi an inbhe air a dhol chun an diabhail buileach glan.

Sagart: A bheil càil de bheachd agad fhathast, Fhonsaí, dè na cuspairean a tha thu a' dol a ghabhail ann?

Fonsaí: Tha mi a' dol a-steach airson lagh, Athair. Sin a tha mi airson a dhèanamh.

Nora: *(Le toileachas).* Lagh, a Phàdraig! A bheil thu a' cluinntinn sin, a Phàdraig? Bidh Fonsaí na fhear-lagha, dìreach mar a tha Diarmad againn fhìn.

Pàdraig: *(Ris an luchd-amharc).* Fonsaí na fhear-lagha! *(Crathaidh e a cheann agus e briste na chridhe).*

Nora: Feumaidh tu fuireach gus eòlas a chur air Diarmad, Fhonsaí.

Fonsaí: B' fhìor thoil leam sin a dhèanamh, a Bhean Uí Mháille, ach tha eagal orm gu bheil agam ri bingo a chur air dòigh dha na seann daoine a-nochd. Feumaidh mi a bhith aig an talla aig naoi uairean.

Sagart: Ò gu dearbh, tha sin fìor Fhonsaí. Chaidh e glan às mo chuimhne. Tha càr agamsa; fàgaidh mi fhìn aig an talla thu.

Fonsaí: Math dha-rìribh, Athair.

Nora: *(Agus a' ghlainne an-àirde aice).* Slàinte mhath agaibh agus co-ghàirdeachas a-rithist, Fhonsaí.

Sagart / Deirdre: Saoghal fada, Fhonsaí. *(Òlaidh iad sìos an cuid deochan).*

Sagart: Uill, togamaid oirnn, Fhonsaí.
Nora, tapadh leat gu dearbh. *(Crathaidh e a làmh).*
Mar sin leat, a Dheirdre.
(Tha e a' coiseachd a-null gu Pàdraig agus ga bhualadh gu càirdeil air a ghualainn).
Nach tu an duine èibhinn, a Phàdraig! Chreid mi thu nuair a thuirt thu gu robh Bózó ceart a-staigh. Bu chòir dhutsa a bhith shìos san Taigh-cluiche.
Mar sin leat an-dràsta.
(Tha Pàdraig na shuidhe sa chathair agus e briste na chridhe).

Fonsaí: Mar sin leibh an-dràsta, a Bhean Uí Mháille, agus tapadh leibh gu dearbh. Mar sin leibh, a Mhic Uí Mháille.
(Chan eil aon fhreagairt a' tighinn bho Phàdraig).
Mar sin leat, a Dheirdre; chì mi thu nas fhaide air adhart a-nochd ann am MacDonald's. Bidh mi deiseil den bhingo mu leth-uair an dèidh a deich.
(Tha e a' toirt pòg bheag do Dheirdre).

Nora: Mar sin leat an-dràsta, Fhonsaí, agus mar sin leibhse, Athair.
(Tha Deirdre, Fonsaí agus an sagart a' dol a-mach. Tha Nora a' dol a-null far a bheil Pàdraig agus a' suidhe ri thaobh, ag ràdh:)
Uill a Phàdraig, nach iongantach mar a bhios a' tachairt uaireannan!
(Tha Deirdre a' tilleadh a-steach agus coltas toilichte oirre. Leis a sin, cluinnear gnogadh air an doras a-rithist. Tha iad ag èirigh gu lèir. Tha beothachadh fiù 's ann am Pàdraig a-nis. Tha Deirdre a' dol chun an dorais. Cluinnear i ag ràdh:)

Deirdre: A Dhiarmad! A Roxanne! Tha sibh làn di-beathte.

(Tha Deirdre a' tighinn a-steach agus Diarmad às a dèidh).

Diarmad: A Mham, a Dhad!

Nora: A Dhiarmaid, a ghaoil – fàilte ort dhachaigh, a ghràidh. *(Pògan, glacaidh teann etc. Pàdraig a-nis na sheasamh a' dol a dh' ionnsaigh a mhic).*

Pàdraig: Fàilte dhachaigh, a mhic. Fàilte dhachaigh. *(Crathadh làimhe)* Càite bheil a' ghruagach àlainn seo agad? *(Tha Diarmad a' tionndadh mun cuairt gus Roxanne a chur an aithne dha. Tha i a' tighinn a-steach bhon taobh; 's e punk gu a cùl a th' innte agus leanabh aice air a gàirdean. Tha Pàdraig a' tionndadh gun luchd-amharc agus a chlaigeann na làmhan).*

Pàdraig: Nam biodh i dubh fhèin … ach seo!

Aitreabh na Dìomhaireachd

Tha measgachadh de dhà mhòr-iongantais mar bhunait air an dràma seo, m.e. rìoghachadh Barry McGuigan, bocsair mòr nan ochdadan agus na h-ìomhaighean den Mhaighdeann Mhuire, aig an robh an t-ainm a bhith a' gluasad, le an toil fhèin, gu diofar àiteachan air feadh Èirinn.

Is e balach òg socharach a th' ann an Seán Ó Dúgáin air a bheil am maighstir sgoile a' cur sìos fad na tìde. Tha an dì-moladh sin nas miosa na bha e a-riamh air latha an turais sgoile gu Taigh-tasgaidh nan Ìomhaighean Cèire. Is ann air a' bhogsadh is motha a tha meas aig Seán agus tha e air bhioran airson Barry McGuigan, an gaisgeach mòr aige, fhaicinn san Taigh-tasgaidh. Ach, a chionn 's gu bheil bleidealachd air a' mhaighstir sgoile, tha e a' diùltadh leigeil le Seán a dhol a-steach dhan Taigh-tasgaidh còmhla ris a' chòrr den chlas. Fàgar Seán ann an for-sheòmar an Taigh-tasgaidh fhad 's a tha a' chlann eile air falbh gus iongantasan an àite fhaicinn. Ach tha rudan neònach a' tachairt do Sheán anns an dearbh fhor-sheòmar sin agus is e esan a tha a' faicinn nan iongantasan as iongantaiche air fad. Is e latha à dà shaoghal a th' anns a' cheart latha sin.

(Stèidhte air an sgeulachd ghoirid An Dìomhaireachd. Faodar na caractaran san dealbh-chluich seo atharrachadh airson a bhith freagarrach do phearsa spòrs / poileataigs sam bith, ann an dùthaich sam bith. Mar a thuigear, 's e caractaran a tha aithnichte an Èirinn a th' ann an seo.)

Aitreabh na Dìomhaireachd

Freagarrach do 9 – 13 bliadhna dh' aois

(A' gabhail pàirt: An clas air fad. Am maighstir sgoile, geàird, balaich, iomhaighean)

Tha an cùirtear a' fosgladh air an taigh-tasgaidh, far a bheil ìomhaighean nan Cinn-suidhe, cluicheadairean ball-coise agus Barry McGuigan rim faicinn. Tha àireamh dhaoine a' coimhead orra agus iad a' dèanamh beagan còmhraidh mun deidhinn. Tha geàird na h-aitribh an làthair cuideachd. Am measg nan daoine tha dithis Ameireaganach, Bob agus Ethel, bodach agus cailleach (còmhla ri chèile) agus dithis bhalach dhalma. Iad an-dràsta ag amharc air na Cinn-suidhe.

Bob: Gì Ethel, tha na h-ìomhaighean cèire seo anabarrach inntinneach, nach eil?

Ethel: Faodaidh tu a ràdh a Bhob, agus gu h-àraid am fear beag seo, Dub-glass de Heidi. Seall air na speuclairean beaga annasach a tha air.

Bob: Gì, tha iad uabhasach inntinneach.

(Leis a sin tha Bob a' cur a làmh air na speuclairean gus an toirt dhe De Híde, ach tha e a' cluinntinn geàird na h-aitribh ag ràdh)

Geàird: Ahem!!

(Tha Bob a' coimhead mun cuairt, tha e a' faicinn a' gheàird agus tha e a' leigeil air nach robh aon chàil às an rathad air aire. Tha e a' tòiseachadh a' coimhead suas dhan èadhar agus a' feadalaich. Tha e a' coiseachd a-mach pìos air falbh bho na Cinn-suidhe agus a' tilleadh a-rithist).

Ethel: Dè mu dheidhinn a' ghille sin leis an leabhar na làimh? Dè an t-ainm a tha air?

(Tha Bob a' dol tarsainn thuige agus tha e a' cur a làimh air bileag-ainm Phádraig Uí Hirile agus ag ràdh e gu liotach).

Bob: Pád-raig Ó Hilarious – hà, hà, hà.

(Fhad 's a tha e a' gàireachdaich tha a' bhileag a' tighinn dhen chòta ann an làimh Bhob. Tha e a' tuigsinn dè tha e air a dhèanamh agus cluinnidh e an geàird le `Ahem' a-rithist, bheir e sùil gu math an-fhoiseil air agus sàthaidh e a' bhileag gu sgiobalta a-steach a phòcaid-broillich Uí Hilire. Tha an geàird a' gluasad sìos agus suas air a chorra-biod agus e a' tilgeil fìor dhroch shùil air Bob).

Ethel: Bob, a ghaoil, seas a-steach an seo còmhla riutha agus togaidh mi do dhealbh.

Bob: Dè mu dheidhinn seo?

(Tha Bob a' breith air pìob fear de na Cinn-suidhe agus ad duine eile agus cuiridh e air fhèin iad).

Ethel: O, dìreach sgoinneil. Fuirich gu faic iad seo aig an taigh – bidh iad a' dol dhiubh fhèin leis a' ghàireachdaich. Can 'Càise'.

Bob: C-À-I-S-E (le gàire bhrèagha leathan)

Ethel: Dìreach mìorbhaileach.

(Fhad 's a tha seo a' dol air adhart, tha an geàird a' casadaich agus a' feuchainn ri aire nan dithis a tharraing gun t-sanas, a tha air an cùlaibh agus a tha ag ràdh, 'Chan eil cead aig duine dealbh a thogail'. Tha Bob agus Ethel ag aithneachadh gu bheil an fhearg air mo liagh. Gu sgiobalta, agus an geàird a' dèanamh orra, tha Bob a' cur na h-aide air ais air a' Cheann-

suidhe leis a bheil a' phìob, agus sparraidh e a' phìob am beul a' Chinn-suidhe leis a bheil an ad. Mun àm a tha an geàird air Bob agus Ethel a ruighinn tha iad air dèanamh às gu cabhagach. Tha an geàird ag atharrachadh na pìoba agus na h-aide air na Cinn-suidhe, agus air an t-slighe a-mach tha e ag ràdh:)

Geàird: Luchd-turais! Dia gar sàbhaladh!

(Agus a' crathadh a chlaiginn)

Luchd-turais!

(Aig an àm seo tha am bodach agus a' chailleach an dèidh tighinn cho fada ris na Cinn-suidhe agus chan fhada gus am falbh iad a-mach. Tha na balaich a bha aig na cluicheadairean ball-coise air tighinn cho fada ri McGuigan agus le chèile tha iad a' dol far a bheil na Cinn-suidhe agus an uairsin a-mach leotha).

(Agus fhad 's a tha na balaich a' gluasad bho McGuigan gu na Cinn-suidhe cluinnear a-muigh ann an trannsa an taigh-cluiche fhèin 'an tidsear' ag èigheach ris na balaich, agus iad a' dol tron taigh-cluiche air an t-slighe chun àrd-ùrlar).

Tidsear: A-steach nur dithis a-nis, fuirichibh nur dithis a-nis, dìreach ann an aon bhuidheann agus na cluinneam aon duine agaibh ag èigheach. Fuirichibh còmhla.

(Nuair a ruigeas iad an àrd-ùrlar tha e a' faicinn gu bheil Seán Ó Dúgáin air dheireadh agus tha an tidsear ag èigheach).

Dè an donas a tha fainear dhutsa, a Sheáin Uí Dhúgáin? Nach tuirt mi ribh fuireach còmhla? An urrainn dhutsa uair sam bith dèanamh mar a chanar riut?

(Bheir e crathadh math air a bhalach air sgàth seo agus tha e a' toirt dha buille le làimh air an tòin).

Seas a-steach dhan loidhne gu math aithghearr, a leisgeadair. A-nis, a bhalachaibh, *(agus guth grinn air a-rithist)* na biodh fuaim sam bith ann fhad 's a tha sinn a' dol tron àite àlainn seo.

(Tha iad a' coiseachd air an àrd-ùrlar gus an ruig iad na Cinn-suidhe).

A-nis a bhalachaibh, cò iad na daoine seo?

(Balaich le a làmhan an-àirde agus 'A mhaighstir, 'mhaighstir, 'mhaighstir!' aca ga ràdh.

Fuaim! *(gu làidir).* Fuaim, a bhalachaibh. *(Gu socair)* Làmhan!

(Cuiridh iad na làmhan an-àirde)

Uill a ... Thòmais.

Tòmas: Cinn-suidhe na h-Èireann, a mhaighstir.

Tidsear: Glè cheart, a Thòmais. Cinn-suidhe na h-Èireann. Glè cheart.

(na trì facail seo gu soilleir agus gu singilte).

Agus ... cò is urrainn aon aca ainmeachadh dhomh?

Balaich: A mhaighstir, 'mhaighstir, 'mhaighstir.

(Agus an làmhan aca gan crathadh)

Tidsear: *(agus e a' toirt aghaidh air Seán Ó Dúgáin).*

A Sheáin Uí Dhúgáin, nach tuirt mise riutsa gun fuaim sam bith a dhèanamh?

(Buille san tòin a-rithist dha).

F-U-A-I-M a Mhic Uí Dhúgáin?

F-U-A-I-M! Dè tha sin a' litreachadh, huh?

Seán: 'Fuaim' a mhaighstir (gu h-ìosal).

Tidsear: Cha chuala mi thu *(agus e ga chrathadh).*

Seán: 'Fuaim' a mhaighstir *(nas àirde).*

Tidsear: Ceart, a Mhic Uí Dhúgáin. Fuaim! Uill, na biodh an còrr fuaim bhuatsa, eil thu tuigsinn?

Seán: Tha mi a' tuigsinn, a mhaighstir *(nas àirde).*

(Leigidh e às an grèim a th' aige air agus coimheadaidh e air Seán le gràin).

Tidsear: *(ann an guth grinn a-rithist)*

Ceart, a bhalachaibh. Cò dha is urrainn fear aca ainmeachadh?

(Thèid làmh Sheáin suas nam measg – chan eil an tidsear a' leigeil air gu faic e e.)

Tidsear: Uill eh ... Eoin.

Eoin: Dubhghlas de Híde, a mhaighstir.

Tidsear: Balach clis. A bheil thu a' faicinn sin, a Mhic Uí Dhúgáin? Sin agad balach clis.

Seán: Ach bha mo làmh ...

(Tha an tidsear a' toirt aghaidh bhorb air).

Tidsear: Chan eil cead sam bith agad bruidhinn! (gu borb)

(Gu snog) A-nis, a bhalachaibh, a bheil aon duine agaibh is urrainn fear eile ainmeachadh?

(An turas seo tha na làmhan a' dol suas gu dealasach – Mac Uí Dhúgáin nam measg. Air dha làmh Uí Dhúgáin fhaicinn an-àirde, tha am maighstir ag ràdh gu searbh)

Tha mi a' faicinn làmh Uí Dhúgáin an-àirde a-rithist, a bhalachaibh, ach bhiodh leisg orm ceist a chur air, air eagal 's gun canadh e Bart Simpson no rudeigin den t-seòrsa sin.

(Tha na balaich eile a' dèanamh gàire mhòr mun seo ach tha Seán bochd air fhìor ghortachadh.)

Tidsear: *(agus e a' taghadh a' pheata sa chlas).*

Uill, a Dhiarmaid a bhalaich – do fhreagairt-sa?

Diarmad: Cearbhall Ó Dálaigh, a mhaighstir.

Tidsear: Bu tu fhèin an duine, a Dhiarmaid a bhalaich.

(Diarmad a' suathadh a bhroillich le mòr- phròis).

A-nis, nach eil fhios agamsa cò aige a bhios na freagairtean ceart?

Seán: *(gu aon taobh).*

Sin a bha mi fhìn a' dol a ràdh.

(Gu h-obann, leumaidh an tidsear air a' ghille bhochd).

Tidsear: Tha sin thugad a-nis, a Mhic Uí Dhúgáin. Cò mheud uair a thuirt mi riut gun do bheul fhosgladh. Seas ann an sin an-dràsta agus na caraich às ... fiù 's uiread ri aon òirleach gus an tig sinne air ais. Seas anns an spot sin. *(Agus e a' cur marc air an ùrlar le cailc).*

(Fhad 's a tha seo a' dol air adhart thig Geàird an Taigh-tasgaidh a-steach a-rithist, agus tha e a' dol an sàs ann a bhith a' sgioblachadh corra rud an siud 's an seo, a' togail phàipearan agus mar sin air adhart. Tha e a' faicinn dè tha a' tachairt)

Tidsear: Tha e diabhlaidh duilich modh sam bith ionnsachadh do bhalaich anns an latha a th' ann *(Agus e a' tilgeil pàipear shiùcaran air an ùrlar)* ge 'r bith dè nì thu.

Geàird: *(Blas cainnt Bhaile Átha Cliath aige).*

O, tha thu ceart an sin. *(Agus cromaidh e sìos a thogail a' phàipeir a chaith an tidsear air an ùrlar)*. Is ann leatsa tha seo, tha mi a' smaoineachadh. *(Agus leigidh e leis tuiteam sìos na bhois. Coisichidh an geàird air falbh).*

Tidsear: *(Gu grinn agus e air a sgreamhachadh an dèidh den gheàird a cheartachadh).*

Ceart, a balachaibh, coisicheamaid gus iongantasan na h-àite seo fhaicinn.

(Agus a' dol seachad air Seán, canaidh e):

Cuimhnich, a Mhic Uí Dhúgáin, ... na caraich às an sin, fiù 's leth-òirleach. Nur dithis, a bhalachaibh.

(A-mach leotha).

(A dhruim ris a' bhalla, slaighdidh Seán sìos gus a bheil e na shuidhe agus e a' gal. An dèidh dha a bhith a' gal greiseag bheag cluinnear bruidhinn bho dhealbh Barry McGuigan).

Barry: Psst! Psst! Haoidh, thusa! Dè tha ceàrr ort?

(Togaidh Seán a cheann agus coimheadaidh e mun cuairt. Cromaidh e a cheann a-rithist agus a neart air falbh).

Haoidh, thusa aig a' bhalla!

(Coimheadaidh Seán air na Cinn-suidhe. Às an sin coimheadaidh e air McGuigan. Priobaidh McGuigan air. Bheir Seán leum às. Priobadh eile ... Briosgadh eile agus Seán a' suathadh a shùilean.)

Gabh a-nall an seo mus cluinn duineigin mi.

Coisichidh e a-null thuige, glè theagmhach, ceasnachail, a' sealltainn sìos agus suas, aomaidh Seán a cheann gu aon taobh, priobadh sùla a-rithist bho MhacGuigan, briosgadh beag eile bho Sheán).

Chunnaic mi an dòigh anns na dhèilig an tidsear borb sin riut. A bheil e mar sin an-còmhnaidh?

Seán: Is ann mar sin a tha e air a bhith riumsa bho thoiseach na bliadhna. *(E beagan teagmhach fhathast agus stad na chainnt).*

Barry: Chan eil thu ag ràdh! Gun chothrom bruidhinn idir?

Seán: Seadh, bhon chiad tighinn a-steach sa mhadainn gu àm dol dhachaigh feasgar.

Barry: Uill, tha mi a' tuigsinn sin glè mhath. 'S e an aon suidheachadh a th' agam fhìn an seo. Chuir iad a-steach an seo mi agus iad an dòchas gum fanainn sàmhach bho mhoch gu dubh.

Seán: O, feumaidh gu bheil sin uabhasach trom ort, a Bharry.

Barry: Uill … bhiodh e, ach chan ann mar a shaoilear a bhitear an-còmhnaidh, eil fhios agad.

Seán: Dè tha thu a' ciallachadh?

Barry: Uill, bhon uair a dhùinear an t-àite seo feasgar gus am fosglar a-rithist e madainn làrna-mhàireach, chan urrainn dhomh innse dhut am fealla-dhà agus an còmhradh a bhios againne ann an seo.

Seán: Chan eil thu ag ràdh! Ach chan eil aon duine ann an seo leis am faod fealla-dhà a bhith agad.

Barry: Hà-hà, sin mar a shaoilear, ach a bheil thu a' faicinn nan Cinn-suidhe thall an sin, uill, tha e iongantach cho dèigheil agus a tha iadsan air còmhradh is feall-dhà

Seán: Ach 's e ìomhaigh a th' anns gach aon duine dhiubh sin.

Barry: 'S e ìomhaigh a th' anns gach duine aca fad an latha, ach tha mise ag ràdh riut a mhic, chan ann mar sin a tha iad air an oidhche. Fuirich gus am faic thu seo.

(Coimheadaidh e bhuaithe air na Cinn-suidhe, stadaidh e diog agus tionndaidhidh e air ais a-rithist gu Seán).

Dè an t-ainm a th' ort?

Seán: Seán.

Barry: Ceart a Sheáin. Cò aca de na Cinn-suidhe air an robh fios agadsa air an ainmean?

Seán: Iad gu lèir, cha mhòr … Ó Dálaigh, de Valera, de Híde …

Barry: Math gu leòr, math gu leòr. Seall air an seo.

(Seallaidh e mun cuairt). Éamoinn, Éamoinn, haoidh Éamoinn!

(Gluaisidh de Valera a shùilean an toiseach, gun ghluasad sam bith eile, an uair sin gluaisidh e a cheann beagan, an uair sin a cheann gu lèir ach e rud beag draghail.)

Seo caraid dhomh an seo ... Seán. Thàinig e a-steach airson sinn fhaicinn. A Sheáin ... seo Éamonn ... Éamonn de Valera.

(Gluaisidh de Valera a dh' ionnsaigh Sheáin agus beiridh iad air làimh air a chèile.)

Éamonn: Fàilte ort a-steach, a Sheáin. Chòrdadh e rium bruidhinn riut greiseag ach bhiodh eagal orm gun tigeadh an geàrd air ais. Tha e goirid do chòig uairean agus bidh e a' tighinn mun cuairt ro àm dùnaidh.

Seán: Tha sin ceart gu leòr, Éamoinn; tha mise a' tuigsinn. *(Thèid Éamonn air ais agus tionndaidhidh Seán gu Barry a-rithist).*

Barry: Sin Dubhghlas is Pádraig is Cearbhall ann an sin.

(Cuiridh iad fàilte air Seán agus cuiridh Seán fàilte orra air ais.)

Agus sin Jason Sherlock, Charlie Redmond agus D. J. Carey an sin. *(Cuiridh iad fàilte air a chèile).* Suidh sìos an sin còmhla rium; tha stòl eile san oisean sin thall ... tarraing a-steach an seo i. A bhalachaibh, *(ri na h-ìomhaighean)* cò agaibh a tha a' dèanamh fear faire an-diugh?

D.J. Carey: Nì mise an-diugh e, a Bharry. Tha mi ag iarraidh a dhol sìos an trannsa co-dhiù, a bhruidhinn ri Mícheál Ó Muircheartaigh mu dheidhinn a' ghèam Didòmhnaich.

Barry: Tapadh leat, a D. J. Tapadh leat gu dearbh, a D. J.

(Aig an ìre seo tha na Cinn-suidhe agus na cluicheadairean ball-coise a' measgachadh le chèile agus a' conaltradh agus tha iad a' suapadh leabhraichean buill-coise. Tha Barry agus Seán air tighinn air aghaidh gu beulaibh an àrd-ùrlair, agus iad na suidhe a' bruidhinn ri chèile.)

A bheil ùidh sam bith agad anns a' bhogsadh, a Sheáin?

Seán: Ùidh! 'S e an spòrs as fheàrr leam a th' ann, a Bharry. Chunnaic mi a h-uile fear de na sabaidean a bh' agad.

Barry: Chan eil thu ag ràdh!

Seán: Chunnaic, agus b' fhìor thoil leam a bhith leth cho math riut uaireigin.

Barry: Cuiridh mi geall riut gu bheil thu glè mhath mar-thà. Is dòcha gum bu mhath leat beagan spàraigeadh a dhèanamh rium?

Seán: O a Bharry, b' fhìor thoil leam sin.

Barry: Uill, coimhead, tha pàidhear eile mhiotagan san oisean ud thall. Cuir ort iad agus bidh greiseag bheag spòrs againn. *(Tha e a' cur air na miotagan agus tha e fhèin agus Barry mu choinneimh a chèile. Tòisichidh iad air spàraigeadh.)*

Barry: O a mhic, tha thu anabarrach math, dìreach anabarrach math.

(Togaidh Barry suas a dhà làimh gus sealltainn do Sheán.)

Feuch an làmh dheas.

(Buailidh Seán bois dheas Bharry uair no dhà.)

A-nis an làmh eile. *(Ditto leis an làimh chlì.)* A-nis, na dhà. *(Leis an dà làimh.)* Math fhèin air fad, a Sheáin, tha thu fìor-mhath; chan fhaca mi balach òg a-riamh a bha cho math riut. Am bu toil leat faicinn mar a leag mi Eusebio Pedrosa?

Seán: O bu toil, gu deimhinne, a Bharry.

Barry: Ceart, àrdaich do làmhan agus coimhead … Làmh chlì sa mhionach, làmh dheas fon smig agus làmh chlì mun pheirceall …. A-nis, feuch air thu fhèin.

(Tha Barry ga chur tro na gluasadan agus tha e dìreach

gus aithris a dhèanamh air nuair a ruitheas D. J. Carey air ais, le a chaman na làimh agus e ag ràdh):

Eòsaph: Tha an geàird a' tighinn, tha, tha an geàird a' tighinn.

(Ruithidh iad gu lèir air ais gun àitichean fhèin ach tha rud no dhà a-mach à àite; leabhar fear de na Cinn-suidhe am measg nan cluicheadairean ball-coise, ball ball-coise ann an làmh Cearbhall Ó Dálaigh, stòl agus miotagan air a h-uachdar air a fàgail ann am meadhan an àrd-ùrlair agus fear de na Cinn-suidhe air tuiteam air an làr. Tha an geàird troimh-chèile a' feuchainn ri dhèanamh a-mach dè thachair. Cunntaidh e na Cinn-suidhe agus coltas troimh-chèile air; cuiridh e ann an òrdugh na rudan a tha a-mach à àite agus mun àm a nì e sin tha an Ceann-suidhe a bha a-mach à àite air ais ann.

Cunntaidh e iad a-rithist agus tha e a' faicinn gu bheil na Cinn-suidhe gu lèir ann an turas seo. Tha e gu mòr troimh-chèile. Coimheadaidh e air Seán a tha na shuidhe ris a' bhalla a-rithist, agus falbhaidh e le làmh air a chlaigeann. Dustaigidh an geàird McGuigan agus nuair a thionndaidheas e a dhruim ris an ìomhaigh – canaidh Barry:

Barry: Tapadh leat, a gheàird. Mìle mìle taing, a gheàird.

(Stadaidh an geàird, coimheadaidh e mun cuairt. Eadar iongnadh agus teagamh air. Falbhaidh e agus e teagmhach, eagalach fad na tìde.

Cho luath agus a tha e às an t-sealladh thèid Seán air ais gu Barry agus fuirichidh na h-ìomhaighean eile nan àite, ged a tha cothrom gu leòr ann a thaobh gluasad.)

Barry: Am bu toil leat an gluasad sin a sheall mi dhut fheuchainn uair eile?

Seàn: Bu mhath gu dearbh, a Bharry.

Barry: Tha thu a' dèanamh gu math. Tha cuimhne agad air fhathast ... clì, deas agus clì mun chlaigeann *(Agus e a' dèanamh nan gluasadan).*
Air adhart leat a-nis.

Seàn: Clì, deas, clì.
(Agus tuitidh Barry, tòisichidh na Cinn-suidhe agus an luchd-spòrs eile a' bualadh am boisean agus a' moladh Sheáin, thèid crios na cruinne a shìneadh dha agus coisichidh e mun cuairt agus an crios air àrdachadh aige os a chionn. Leis a sin, a-steach na ruith le D. J. Carey agus èighidh e:)

D.J. Carey: Tha an tidsear agus na balaich air an t-slighe air ais.
(Tha iad gu lèir a' dèanamh air na h-àiteachan ceart, ach mus fhalbh e, tha Seán a' toirt taing do Bharry. Sìnidh Seán an crios air ais do Bharry ach chan eil gu leòr ama aig Barry a chur air; mar sin cumaidh e na làimh e. Thèid Seán air ais a sheasamh ris a' bhalla. Thig an tidsear agus na balaich a-steach).

Tidsear: Uill, uill, a Mhic Uí Dhúgáin, chan eil fhios agad na h-iongantasan a chaill thu an-diugh. Nach eil sin fìor, a bhalachaibh?

Balaich: Tha sin fìor, a mhaighstir *(Gu lèir gu h-aon-ghuthach).*

Tidsear: Chunnaic sinn rudan nach eil rim faicinn ann an àite sam bith eile ann an Èirinn. Nach eil sin fìor, a bhalachaibh?

Balaich: Tha sin fìor, a mhaighstir.

Tidsear: O, is fhiach gu mòr gun a bhith ro chabach ... Nach eil sin fìor, a bhalachaibh?

Balaich: Tha sin fìor, a mhaighstir.
(Leis a sin, tha Diarmad, peata an tidseir, a' toirt an aire gu bheil rudeigin a-mach à àite).

Diarmad: A mhaighstir, a mhaighstir.

Tidsear: Seadh, a Dhiarmaid a bhalaich, dè tha ceàrr ort?

Diarmad: Tha rudeigin a-mach à àite air ìomhaigh Barry McGuigan. *(Tionndaidhidh na balaich gu lèir an taobh a tha an ìomhaigh agus tionndaidhidh na h-ìomhaighean eile an sùilean an taobh a tha Barry agus an sin an taobh a tha Seán.)*

Uill, nuair a bha sinn an seo cheana bha an crios timcheall air a mheadhan agus a-nis tha e aige na làimh.

(Tha coltas mì-fhoighidinneach air an tidsear.)

Tidsear: Gabh a-steach dhan loidhne, amadain, agus na bi cho gòrach. Ceart a-nis, ann an dithis. Theirigibh ann an dithis an sin. A Mhic Uí Dhúgáin, cùm suas leis a' chòrr den bhuidheann.

(Leis a sin, greasaidh iad a-mach, an tidsear aig an toiseach agus Seán Ó Dúgáin aig a' chùl. Air an t-slighe a-mach, coimheadaidh Seán air ais agus priobaidh na Cinn-suidhe agus na fir-spòrs air. Nì Barry na gluasadan a chleachd e le Pedrosa agus nì Seán aithris air. An sin, priobaidh an dithis air a chèile).